反叛詩雄

拜倫

George Gordon Byron

愛恨交織的生活以詩祭奠，義勇無雙的人格以亡身鑄就

他，以一人之姿，創造了典範；

他，痛恨階級和特權的不公不義；

他，才華橫溢、熱情、對社會體制強烈不滿；

他，面對漫天不友善的流言蜚語選擇流亡歐陸；

他，在風流中覺醒，奔赴命運，以一死換希臘自由……

英雄以他爲名，傳奇詩人——拜倫

潘于眞，胡元斌 編著

目錄

目錄

序

喬治・戈登・拜倫（George Gordon Byron, 1788～1824），英國 19 世紀初期偉大的浪漫主義詩人。

喬治・戈登・拜倫出生於倫敦。他天生跛足，他的父母全都出身沒落貴族家庭。他 10 歲時，拜倫家族的世襲爵位及產業就落到他身上，成為拜倫第六世勛爵。

拜倫於哈倫公學畢業後，1805 年至 1808 年在劍橋大學學習文學及歷史。1809 年 3 月，他作為世襲貴族進入了貴族院。後來，他在劍橋大學畢業後曾任上議院議員。1809 年至 1811 年遊歷西班牙、希臘、土耳其等國，受各國人民反侵略、反壓迫抗爭鼓舞，創作了《恰爾德・哈羅爾德遊記》、《唐璜》等。

拜倫 1812 年發表的《恰爾德・哈羅爾德遊記》第一和第二章是他的成名作。1816 年，拜倫因私生活受到上流社會的排斥，憤而移居義大利。在義大利，他寫了《恰爾德・哈羅爾德遊記》的第三和第四兩章。這部抒情敘事長詩和未完成的巨著《唐璜》是他最著名的代表作。

拜倫還寫了一系列長篇敘事詩，如《異教徒》、《海盜》和 7 部詩劇，如《曼弗雷特》、《該隱》等，以及許多抒情詩和諷刺詩，如〈審判的幻景〉等。

1823 年年初，希臘抗擊土耳其抗爭高漲，拜倫放下正在寫作的《唐璜》，毅然前往希臘，參加希臘志士爭取自由、獨立的武裝抗爭，1824 年 4 月 19 日死於希臘軍中。他的詩歌在歐洲和中國都有很大的影響。

序

　　拜倫的一生很短暫，他只活了 37 年，但是他在詩歌上取得的成就是無與倫比的。詩歌裡創造了一批「拜倫式」的英雄。他們的思想和性格具有矛盾性：一方面，他們熱愛生活，追求幸福，有激情，蔑視現在制度，與社會惡勢力勢不兩立；另一方面，他們又傲世獨立，行蹤詭祕，好走極端，他們的思想基礎是個人主義和自由主義，在抗爭中遠離群眾，而且也沒有明確的目標，因而最後以失敗而告終。

　　拜倫一生為民主、自由、民族解放的理想而抗爭，而且努力創作，他的作品具有重大的歷史進步意義和藝術價值。他未完成的長篇詩體小說《唐璜》，是一部氣勢宏偉、意境開闊、見解高超、藝術卓越的敘事長詩，在英國以至歐洲的文學史上都是罕見的。

　　拜倫是世界公認的 19 世紀浪漫主義文學首屈一指的代表人物。他那些風湧雷動、波瀾壯闊的詩篇，使他在生前震撼了整個歐洲大陸，他死後 100 多年來也一直在全世界享譽盛名。他站在他那個時代的戰鬥前列。他是法國大革命偉大理想的忠實繼承者和捍衛者。他為了自由、民權和被壓迫民族的解放而奮戰一生。

　　歌德說他是「19 世紀最偉大的天才」；普希金稱他為「思想界的君王」。魯迅曾坦然承認，他自己早期對被壓迫民族和人民哀其不幸、怒其不爭的思想，和不克厥敵、戰則不止的精神，都是從拜倫那裡學來的。蘇曼殊說：「善哉拜倫！以詩人去國之憂，寄之吟詠，謀人家國，功成不居，雖與日月爭光可也。」

出生於亂世

　　拜倫是英國著名詩人，詩人是沒有國境、超越時代的人物。他不是用筆在紙上寫下激昂文字，而是用血在刻印人們心中的感悟。那麼，詩人拜倫刻印在世界人類心中的感悟，又是怎樣的呢？還是讓我們從拜倫的國家 —— 英國 —— 開始說起吧！

　　英國過去是一個追求門第、追求權貴的國家。英國人有非常強的門第觀念，他們瞧不起沒有背景的其他國家的人。他們都以自己的王室地位或者其他爵位而感到自豪。即使有些貴族已經沒落，但依然能得到社會的尊重和認可。拜倫的祖上就屬於這樣的沒落貴族。

　　「英國在歐洲的外面。」這是談論英國社會狀態的名句。英國與歐洲大陸僅相隔 20 多海里的水域，是「一衣帶水，呼之即應」的距離。晴朗的日子，從荷蘭，從比利時，從法國都可以很清晰地望見英國的堤岸、山峰和海濱。小船隻需幾個小時就能划過去，即使沒有船，游泳也可以到達對岸。

　　從地理上講，英國只不過是附屬於歐洲大陸的一個小島。可是從歷史上來看，這個小島曾一直執著地和歐洲大陸對峙，而且，直至今天它仍然在全歐洲有著重要的影響。在人種和文化上，它是歐洲的一部分，而在政治上卻有著自己與眾不同的東西。

　　在古羅馬時代，英國人敗於凱薩。在北歐神話的英雄時代，他們的祖先從瑞典、挪威、丹麥渡海過來。在中世紀法蘭西興盛

的時代，他們的祖先跟著征服者威廉從歐洲過來。這些大陸移民和本來的土著民族混合成了現在的英國人。人種的混淆正是一切民族的必然經歷。

但是，一旦成了英國國民，他們便錘鍊出不可思議的性格，留下與眾不同的歷史。他們最初是做船伕漂泊在異鄉，到處攻打外國各種船隻。他們支配海洋，把世界貿易權限牢牢掌握在自己手上；同時，他們還善於利用機器進行生產。

工業革命時期，他們從印度和南北美洲掠奪大量財富，使自己的工業成為世界第一的大工業，他們將生產的產品賣給全世界。由此看來，英國是有著等級觀念的「強盜」，他們善於掠奪財富。

他們在泰晤士河畔築起濃霧中的倫敦都市，逐漸把世界的財富集中在這裡的街市上。他們形成了以農村大地主為中心的貴族階層，建立了完整有序的等級社會。

英國是世界上出現得最早的工業國之一。他們的統治階級是大地主和倫敦金融資本家相結合的產物。他們用土地和資本的力量來支配著這個國家。

英國的統治階級特別善於權謀。他們富有經濟才幹，能巧妙地榨取平民的剩餘價值，使巨富資產集中在少數人手上。另一面，他們為緩和階級矛盾而設立議會制度，這個制度，就是疏通大眾意志的保險閥門，這也是他們作為新興的統治者的高明之處。

我們必須看一看喬治三世統治下的英國貴族社會。貴族們非常富有，他們有著廣闊的莊園，威震鄉村。富麗堂皇的宅邸周

圍，有著成百上千畝土地。這些土地或者給佃農耕種，或者作為牧場，或者作為打獵的林苑，繁殖著松雞、狐、兔等。

他們這麼富有的原因不難解釋，因為對印度的掠奪，對運送南北美金銀的西班牙商船的搶奪，以及機械工業製造品輸出世界的營利，使財富像潮水一樣猛然間進入英國，特別是英國貴族的口袋。更何況那時候的英國也無尚未放棄發展傳統的農業。

權貴階層在社交季節來到倫敦，出席議會，開夜宴，談論文學，又管理著商業。即使在這樣的社交季節中，週末也多半回到農場莊園去。他們觀賞各式景觀，並招待許多留宿的客人舉行夜宴。英國的高級政治問題到今天還多半是在田園聚會中解決的。

上議院當然是他們的，下議院也是他們的。選舉區幾乎是他們私有的，歷史上所謂的「腐敗選舉區」便是他們的醜聞。他們公然用金錢收買投票人，使自己的親戚和黨羽成為下議員，分成兩大黨派，他們掌握著英國的政權。

在農業方面，貴族們是農場的所有者，富農和鄉紳無法與之抗衡，小農和佃戶則任其擺布。特別是在貴族們奪取了農村公有土地以後，佃農們更是失去了放牧牛、馬、豬、羊以及採伐木材的便利，因而，一年一年陷入窮苦的深淵。

可是當時英國的貧民法，規定了貧民只能留在出生的故鄉，不准移居他處。佃農們無法在他們提供的勞力的土地上自由旅行，必然定居一處，按照當地的大地主的意旨去做工資低廉的工作。隨著工廠的出現，勞動者就更加窮苦，而貴族也更加富有了。

出生於亂世

在都市貴族也是富裕的。除了那時開始陸續出現的少數新興資產階級外，無論是金融、工業、對外貿易等，幾乎社會生活的各個方面都操縱於貴族之手。

理所當然的，文人靠著貴族的庇護而生活，也是顯而易見的事情。因為他們有許多金錢和時間。

有關英國的教會勢力，也是我們在此必須提及的。在歐洲各國中，英國早已把羅馬教皇支配下的天主教擺脫掉，把一個不同於羅馬的天主教奉為國教。

後來，除了這個正統派新教之外，民間又興起了另一種新教，在新興的中產階級中間不斷擴展，它就是「獨立派新教信仰者」的團體，他們的勢力也在一年一年不斷地增長。

英國重視宗教，國教僧侶享有和貴族同樣的待遇，在上議院有著席位。那些僧侶得到豪華的住宅，拿著豐厚的俸祿，過奢侈的生活。

英國皇室是 1066 年從法國西岸諾曼底渡海過來的征服者 —— 威廉的後裔。經過各種統一後，1714 年迎接德國漢諾威的選舉後做英王，叫做喬治一世，後來稱為漢諾威王族 —— 這是英國皇室的祖先。因為建立漢諾威王朝的是英國貴族中的輝格黨人，所以他們的勢力一直很強大，他們長時間控制著英國。

喬治一世不懂英語，國家內政事宜全都委託首相沃爾波爾處理。這是英國內閣握有政治實權的開端。

出身於貴族的沃爾波爾在主持內閣的 20 年間，建立起責任內閣制和下議院的優越制度。但他在位時卻不受爵位，留居下議院。他辭退首相職位以後，才答應移到上議院去。

英國的皇室先是從法國來的，後來是從德國來的，因此，比起土著的貴族來說反而是後來者。如果他們違反了貴族的意志，皇室便難以保住自己的地位。所以貴族及平民養成了舞文弄墨自由地批評皇室的習慣。由於這種情形，所以支配英國的勢力是在貴族手上。

　　那麼，貴族過著怎麼樣的政治生活呢？那時候的英國又是怎樣被統治著的呢？

　　現在我們要談起的拜倫時代，是從 1788 年至 1824 年。這時候，是托利黨執政的時代，國王是喬治三世。1811 年喬治三世精神錯亂以後，太子成為攝政王；1820 年喬治三世病死，攝政王正式即位，稱喬治四世。

　　在拜倫出生前後的幾十年間，世界上發生了幾件大事。拜倫出生之前的 12 年，美國脫離英國而獨立。出生後第二年，法國發生大革命。拜倫 5 歲那年，拿破崙因為「土倫一戰」而聲名大振。他 11 歲那年，拿破崙做了革命的法國的第一執政。

　　1804 年，拜倫 16 歲時，拿破崙登了皇位。同時，英國的小皮特第二次組閣，英法戰爭開始。拿破崙在滑鐵盧戰敗被流放到聖海倫娜島的 1815 年，拜倫 27 歲，正是他在倫敦聲名大噪的時候。

　　喬治三世即位，把向來握有權柄的輝格黨貴族的要職盡皆撤去，讓托利黨貴族代替了他們。

　　他任用一些凡庸的人擔任閣員，想努力恢復王權。在私生活方面，他是沒有一點可以非難的，但是在政治生活方面，卻彈壓國民的自由，拿錢收買議院，疏遠福克斯那樣的人才。他讓心腹

出生於亂世

諾思勛爵做首相，以至於失去美國這樣的盟友等。因為敗績太多，所以他在百姓間名聲很不好。

這時候，英王的長子──後來的喬治四世，卻與輝格黨貴族交好，他反對父王，崇尚民權自由。可是，與父王相反，他在私生活方面非常放縱無度，負債如山，他讓賭徒和美女聚在自己的周圍，使得國民厭棄。

托利黨貴族中似乎少有政治人才，在同兩代英王的結合中，除了一個威廉・皮特之外，幾乎都是不能執掌政權的人。皮特在1806年去世後，由滑鐵盧的勇將威靈頓公爵率領托利貴族擔當首相。他只是能安邦定國的武將，對於治理國家卻一竅不通。

從拿破崙戰爭末期到拿破崙死後第二年，英國的外交是在卡斯爾雷指導之下進行的。拜倫用筆來作戰的對象便是他。托利黨貴族是在專制的喬治三世之下執政的，所以缺乏智勇能辯的人士，而大多數人都是曲意逢迎、蠢笨無能的傢伙。

他們反對法國革命，同時反對代表法國革命的新思想、新風潮。他們竭盡全力壓迫民權，維護國王的神權和貴族的特權，維護傳統的教會勢力，努力用王權、宗教、黃金去維持社會秩序。

與托利黨貴族截然不同的是，被置於反對黨位置的輝格黨對新思想有著深刻的理解，他們具備與時代共同進步的良好品格。他們以民眾為背景，嘗試著去跟國王和托利黨貴族對抗。

對於法國大革命的贊成與否，是衡量那個時候歐洲知識階級的進步或保守的試金石。托利黨貴族從來就是正面地反對革命的。在輝格黨中，像雄辯家埃德曼・巴克也是反對法國革命的，許多黨員還袒護著他；儘管如此，黨的領袖查理・福克斯卻敢同

情法國革命，直至英國與拿破崙開戰，他還沒有改變偏向法國的立場。

英國有著一種奇特的社會制度，一方面有著議會制度和言論自由的「不成文法」，另一方面則繼續著傳統的貴族統治。他們表面是進步的、民主的，而實際的內心卻是保守的。

拜倫就是出生於那個動盪時代的英國沒落貴族，他也有著上面提到的英國貴族的缺點。拜倫從出生就面對著一個亂世，這個亂世是舊的封建社會瓦解，新的資本主義社會建立的時期。這個時期的人們是盲目的，缺乏信仰的，人們需要拜倫這樣的詩人指引道路。拜倫就是順應這個時代而生的。

天生的缺陷

拜倫的祖父是一位海軍中將，他的家庭也是有貴族爵位的。但是，他的運氣很不好，每當他出航便起暴風，海員們都叫他「暴風傑克」。

「暴風傑克」有兩個兒子。長子叫做傑克·拜倫，就是詩人拜倫的父親。他年輕的時候在法國陸軍學校受教育。畢業後，當了英國陸軍的近衛士官。

拜倫的父親參加過對美國的戰爭。因為性急、粗暴而又喜歡賭博，因此欠了很多債務。所以他被叫做「瘋子傑克」。不過，因為他長得帥氣而又英武，所以在女性中間很有人緣。

當傑克 20 歲的時候，從美國回來，卡爾馬瑟侯爵夫人被他的相貌深深吸引，於是拋棄了自己做侍衛長的丈夫和 3 個孩子，瘋狂地追求他。

卡爾馬瑟侯爵夫人繼承父親的每年 4,000 英鎊的收入，住在祖父傳下來的大宅邸裡，其本身既是名門望族又有豐厚的家產。這對年輕的沒落貴族「瘋子傑克」來說是非常有吸引力的。

他們很快就結了婚，婚後，兩人離開英國移居法國。

在法國，他們生下女兒奧古絲塔，她就是詩人拜倫的同父異母的姐姐。奧古絲塔是對拜倫一生有著重大影響的女人。生下女兒不久，卡爾馬瑟侯爵夫人就在法國病死了。妻子死掉以後，每年 4000 英鎊的津貼也停止發放。年輕的傑克只好黯然回到英國。

當他來到巴思溫泉散心的時候，遇見一個叫做凱薩琳·戈登的少女。她是蘇格蘭名家的女子，雙親已經亡故，她繼承了他們的遺產。凱薩琳·戈登是一個身材矮而胖、鼻頭寬大、臉上布滿紅血絲的女子，比起他死去的美麗的妻子，她的相貌就差得很遠了。

但是，23,000 英鎊的財產——其中 3,000 英鎊是現金，對於拜倫的父親來說是很重要的。因為他以前欠下了很多賭債難以償還，他需要找一位有錢的夫人過日子。

儘管凱薩琳·戈登不漂亮，他們還是在 1784 年 5 月 13 日結婚了。這位夫人就是拜倫的母親。

探尋拜倫母親的家族，也有著不次於拜倫家族的可畏的血統。拜倫母親家族的源頭是蘇格蘭王室。

其祖先的第一代威康·戈登，是溺死的。其第二代被殺，第三代、第四代都因殺人罪而被絞死。後來的族人也大多是兇殘暴虐，是使蘇格蘭人害怕的人。

這種暴虐的性格可能也遺傳到拜倫的母親身上，她也是一個脾氣暴躁的女人。長得醜也就罷了，可是她還脾氣暴躁。所有的人遇到這樣的女人大概都會頭疼。

他們結婚後回到北蘇格蘭凱薩琳·戈登的家裡。可是，「瘋子傑克」嗜賭成性，很快便把妻子家的財產蕩盡了。夫婦兩個便賣掉那些土地和祖產，移居到法國去。他們家一天一天地窮了下來。

結婚之後，兩個人都失望至極。因為拜倫的父親以為自己找了個「女富婆」，可以肆無忌憚地花天酒地。可他發現這個叫凱

天生的缺陷

薩琳·戈登的女人不僅沒有前妻漂亮有錢，反而還很吝嗇。這樣醜陋又小氣的女人讓他很厭惡。

拜倫的母親本以為她和這個海軍軍官之間是真正的愛情，可是當她發現他只是為了錢才娶她時，她也深深後悔。但是，她又是那麼愛他，她寧可死也不願意離開他。

1787 年，傑克為了躲避債主逼債，再次潛逃到法國；當時，大腹便便的戈登小姐，當然也緊跟著到了法國。戈登小姐已經有了身孕，行動非常不便。

這時的傑克早已囊空如洗，他每天從妻子那裡拿一點錢來負責一家的吃穿用，還把自己和前妻所生的女兒奧古絲塔交給她撫養！

可憐的戈登小姐，不僅一句法語也不會說，還懷著身孕，可是她仍然對她的丈夫一往情深。她一直待到快要生產時，才帶著那小女孩回到英國，把她交給孩子的祖母，自己則在倫敦找了一個地方住下來等待臨盆。

在這種糟糕的境遇下，拜倫出世了。那是 1788 年 1 月 22 日。母親給他取名為喬治·戈登·拜倫。

拜倫的出生並沒有給這個家庭帶來一點歡樂。拜倫的母親每年只有 150 英鎊的收入，這些收入要供養保姆和僕人，還要給拜倫的父親去法國遊玩。她的日子過得很辛苦。於是她變得很敏感和脆弱，經常拿剛出生的小拜倫出氣。每當拜倫啼哭的時候，她都會大聲地叫罵、喝斥那個幼小的生命。

當拜倫學走路的時候，他們發現他的腿有問題 —— 他是「瘸子」。

這讓拜倫的母親更加惱火，父親是糊塗蟲，兒子是「瘸子」，這樣不幸的事情對於一個女人來說是多麼殘酷。拜倫的母親幾乎要崩潰了。她非常想讓兒子看起來正常一些，可是她不是醫生，對於拜倫的跛腳，她無能為力。

拜倫的父親在拜倫 3 歲的時候在法國的郊區死去了。他貧病交加，幾乎是餓死的。

在極度絕望過後，拜倫的母親會突然發起狂來。她把跛腳的拜倫看作是上天對她的懲罰。她把拜倫的跛腳看成是兒子故意和她作對，所以她會說出很多惡毒而又難聽的話來。在拜倫稍微長大一點之後，她便命令女僕每天晚上用繃帶綁著他的腳睡覺。這類似於中國古代女人「裹腳」之類的矯正方法，使得拜倫非常痛苦。

有一次，女僕帶著拜倫在阿伯丁的街上散步。一個婦人經過他們旁邊，她看著拜倫說：「呀！多麼漂亮的孩子！可惜是個瘸子！」

拜倫用燃燒著憤怒的目光盯住她，用手上玩的鞭子抽打她，大聲說：「不許你這樣講！」

幼小的拜倫對這種腳部的殘疾感到羞恥，想到自己不能像別的孩子一樣正常走路的時候，他覺得自己像中了上帝的詛咒一樣。為此他經常偷偷在床上哭。

除此之外，他還要忍受母親的怪脾氣。對於這個生來就比別人加倍敏感的孩子來說，這樣的心理負擔實在是太沉重了。他的性格逐漸變得憂鬱。他已經不像其他的孩子那樣天真活潑了。

他經常一個人默默地呆坐著，臉上時常掛滿淚花。他的眼神

裡充滿苦楚和自卑。因為他身上背負的東西已經遠遠超過了他那個年齡所應該承受的一切。

他的有神經質的母親有時候會把他當作掌上明珠一樣愛撫，她把他摟在懷裡，親暱地叫著他的名字，或者撫摸他圓乎乎的小臉，像一位和藹可親的母親一樣愛著自己的孩子。但更多的時候，她是橫眉立目的，像寺廟裡的羅剎一般兇狠。當她因為心情不好而發作的時候，就會順手拿起盤子之類的東西不管不顧地向著拜倫扔過去。

拜倫一直都默默忍受著母親的喜怒無常。他像大人一樣用沉默來表示抗議。實際上，拜倫的內心早就被憤怒的火焰燒得千瘡百孔了。誰也不知道他在默默生氣，他沉默的習慣已經成為他自己獨有的特質。

魯迅說過一句話：沉默啊，沉默啊，不在沉默中爆發，就在沉默中滅亡。

有一次，小拜倫終於爆發了。當母親罵他是瘸腿的餓鬼，又用盤子朝他扔過來時，他不出聲，從桌上拿起一把小刀，向著自己的胸口猛刺。僕人驚得跳起來，急忙把刀奪走，他才安然無恙。他是因為實在受不了母親的刺激而想自殺的。

幾年後，有一次，他和母親大鬧一場。過後，兩人都跑到附近的藥店去問藥店老闆，對方有沒有去買毒藥。聽說沒有買，兩人像約好了一樣叮囑說，如果對方來買，千萬不可賣給他（她）。

聰明好學的孩子

　　拜倫 4 歲多的時候就開始上學了。和現在的孩子需要去幼兒園上課不同的是，那時候拜倫上的是阿伯丁的學校。不僅如此，他的母親還給他專門請了歷史和拉丁語的家庭教師。拜倫迷上歷史，也是從那個時候開始的。

　　拜倫很喜歡讀書。他和其他孩子不同，因為天生的跛足，他很自卑，所以他很少和別的孩子一起玩耍。這使他有了更多的時間讀書，他喜歡從讀書中得到樂趣。他的記憶力很好，很多歷史事件發生的時間、經過他都能準確地說出來。人們很佩服他，認為他是個與眾不同的記憶力超群的孩子。

　　拜倫 6 歲的時候，一件意外的好事改變了他的命運。原來，「邪惡的拜倫男爵」的孫子，在科西嘉被砲彈炸死了，拜倫被指定為他的合法繼承人；拜倫的母親也因此可以在蘇格蘭的貴族親友們面前抬起頭來了，於是她開始教導拜倫恢復他貴族身分所應有的態度、禮儀。

　　這個時期的拜倫，在班級上雖然成績一般，但卻很喜愛讀課外書籍，這其中有一本土耳其歷史是他最欣賞的。他說：「它是我童年時期最喜歡讀的一本書，或許是它使我的詩增加了一點東方的色彩！」除了歷史外，他也喜歡讀航海或冒險的故事，如《一千零一夜》和《唐吉訶德》。

　　拉丁語家庭教師是個熱心宗教事業的很認真的人，他是加爾文教的虔誠的信徒。

聰明好學的孩子

　　蘇格蘭是宗教發達的地方，大多數人都是很認真的信奉神明的教徒。拜倫的乳母梅·格雷也常常為他講神靈、天國、地獄等事情。拜倫的幼年頭腦中，不分晝夜地被灌注著加爾文教思想，那些印象自然會遺留在腦子裡面。

　　拜倫雖然宣稱他一生沒有宗教信仰，但是，幼年時候耳濡目染的長老會教派的認真、唯一的信仰，卻已經深深地刻在他人格的最深處了，這是難以磨滅的東西。

　　他在這種充滿宗教氛圍的環境中成長。可是時代卻向著相反的方向進行著，這就是他一歲的時候爆發的法國大革命。拜倫的母親是輝格派，自然同情革命。家庭的環境影響到幼年的拜倫，他也逐漸對革命抱著同情了。

　　他8歲的時候，因為得了「猩紅熱」，在學校的勸說下，他和母親一造成了蘇格蘭高地勒欽伊蓋峰附近鄉間療養。在這裡他喜歡上了當地的一位漂亮的女孩。他覺得她就像天使一樣美好。這算不上是愛情，這只是一個受盡歧視、受盡凌辱的少年在一個同齡人面前找到自尊的快樂。因為那個女孩從來沒有嘲笑過他的跛足。她對他很好，他們像好朋友一樣平等地相處著。

　　儘管如此，拜倫還是覺得很自卑，他覺得自己的跛足配不上和那麼美好的女孩做朋友。有的時候，他懊惱得想自殺。甚至在很長的一段時間內，他都沒有辦法平靜下來。

　　10歲的時候，根據爵位的繼承規則，拜倫成為第六代男爵。他終於在母親的期盼下成了紐斯臺德的主人。這樣的幸運降臨在他頭上，使得這個喘息在貧窮深淵的一家也有了轉機。當他得到消息時驚訝地瞪大了眼睛問他的母親：

我和以前有什麼不同的地方嗎？我自己看了很久，也看不出自己
當了貴族以後和以前有什麼不一樣！

　　最令他尷尬的事是學校裡的老師把他找去，給了他一些酒和
蛋糕，並且還在他毫無準備的情況下，向班上宣布他的新身分。
禁不住眾人的注視，這位新的爵爺居然大聲哭了起來！

　　透過拜倫母親代理人的調查：去世的爵爺所遺留下來的財
產，清償債務以後，連喪葬費都成了問題。而且老爵爺死在 5
月，拜倫母子必須等到 8 月，才能離開蘇格蘭去英格蘭領受他的
男爵頭銜。

　　拜倫的母親只好把全部家當以 74 英鎊賣出去，湊足了去英
格蘭的路費。我們不太清楚拜倫離開故鄉的心情如何。不過，從
他對一首蘇格蘭民謠憶往日的感想中，我們不難看出，拜倫在蘇
格蘭的確有過一段快樂的童年時光。他寫道：

　　我雖只是半個蘇格蘭人，但卻流著整個蘇格蘭人的血液！

　　他們像做夢一樣，終於可以有機會回到紐斯臺德莊園了。這
對於他們異常貧苦的家庭來說，會是怎樣激動人心的事情啊！於
是家裡上上下下都在準備著，他們開始打點行囊，準備起程，去
那個紐斯臺德莊園，成為那裡的主人。他們的貧苦日子終於要結
束了。

　　小拜倫並沒有多高興，因為他是跛足，儘管有了爵位又能怎
麼樣呢？他還是不能像其他小朋友那樣可以自由自在地玩耍。相
反，成為「男爵」之後，他還要面對更多人質疑的目光。他擔心
有人看見他會說：「看，那個男爵是個跛子！」

聰明好學的孩子

　　這樣的話，他聽得太多了。他害怕再次被更多的人嘲笑。所以他得知要搬到紐斯臺德莊園的消息之後，一點也沒有高興的感覺。

備受虐待的童年

秋風送爽的時節，10 歲的拜倫在母親和乳母帶領之下，去了紐斯臺德莊園。離開蘇格蘭的大好河山，走進秋季還是綠草鋪地的英格蘭的時候，內心豐富的拜倫激動不已。他不知道未來會怎樣。紐斯臺德莊園，就像是一個未知的魔盒，不知道裡面會怎樣。

從諾丁漢市剛過去幾英里，車子走進了陰鬱的森林裡。那就是紐斯臺德莊園的入口。拜倫母親的倫敦代理人韓生先生和他的太太早已經在那入口處恭候多時了。

隨後，韓生夫婦帶領他們四處參觀。

看守的人問：「是誰？」

車上的女音得意地高聲回答說：「拜倫新男爵。」

門開了，車走進去了。經過一兩處低矮的灌木林，轉過一片松林，紐斯臺德莊園猛然出現在少年拜倫的眼前。

那是用灰色的石頭疊成的中世紀哥德式莊園建築，低垂的灰色濃雲是它的背景；大樹直立在兩邊，莊嚴肅穆地像古城一樣聳立著。那看起來像是《天方夜譚》中的場景。這時，像是有什麼堵住了拜倫的咽喉。

「這就是你一生的住所啊！」

這樣的聲音低低地在他耳邊響著。

比起以前阿伯丁狹小汙濁的舊宅來說，這是多麼雄壯、典雅的城堡呀。他和母親、乳母由老看守人墨瑞引領著，到處觀看。

備受虐待的童年

出現黑袍僧幽靈的房子，伯祖父和蟑螂遊戲的廚房，參加十字軍東征的先祖所刻的沙拉遜人頭⋯⋯都充分地引起拜倫的無限遐想。

城堡前面有水池。對於愛游泳的拜倫來說，這是最讓人高興的。後面還有射擊場。原來聽說伯祖父常常帶著兩支手槍來散步。這正是他自己期盼已久的事情。要彌補自己有殘疾的身體，只有手槍，才可以讓自己看起來更威武。

這麼想著，他便拿起玩具手槍去散步。他想到伯祖父是拿著兩支真正的手槍走路的，便深深地感到歡喜了。

這 2,000 多畝的地面，大部分像公園一樣，可以縱馬奔馳。附近的小河，河水清澈見底，水中的小魚沐浴著日光游來游去。而且，這宏大的城堡中，各種書籍堆積如山，拜倫在這裡可以任意誦讀。

雖然古堡看起來宏偉壯觀，但是因為被上一輩撂荒了，這裡除了大，除了可以任意玩耍之外，已經不能給這個貧困的家庭提供任何經濟來源了。

不得已之下，拜倫的母親把他託付給乳母梅 · 格雷，自己到倫敦去向政府領取年金。這期間，拜倫在諾丁漢被沒有教養的乳母虐待著。梅 · 格雷是一個嘴上說著宗教而實際上卻放蕩亂來的女人。她喝完酒，把馬伕帶進家裡來，肆無忌憚地毆打拜倫。

最初發現他被乳母虐待的，是拜倫母親的倫敦代理人韓生。韓生給倫敦拜倫的母親寫信，告訴她小拜倫的悲慘境遇，勸她快些回來保護他。

拜倫的母親在離開家之前，還聽信了那地方一個庸醫的花言巧語，而托他治療拜倫的腳。那醫生只使用油脂為拜倫按摩，並用機械方法絞緊拜倫的腳，用木板把他的腳包紮起來，這就算是治療了。這種類似於「酷刑」的治療方式，給拜倫帶來了很大的痛苦。可是他以天生好勝的性情，一直忍耐著這種痛苦。

他的拉丁語家庭教師羅傑斯看到這種情形，便說：「很痛吧？給我看看，行嗎？」

他回答說：「不。先生請不要擔心！我絕不做出怕痛的樣子。」

少年拜倫的這顆勇敢的心，使羅傑斯非常感動。他忍受著母親的喜怒無常，忍受著乳母的殘忍暴虐，現在又忍受著庸醫的苦痛折磨。人類的虛偽面孔在拜倫早熟的頭腦中，留下了越來越深的痕跡。在這種偽善的環境中，他學會了懷疑一切，他也學會了忍受命運的折磨。

早熟的他認為：忍受虛偽、卑劣、殘酷、貧窮的唯一途徑，便是對這一切採取嘲笑、鄙夷和蔑視的態度。後來表現在他的詩篇《別波》、《唐璜》裡面的收放自如的諷刺和幽默，正是悲慘的少年境遇所造成的。

但是，上天並不是只給人類以悲慘的苦果。在冰天雪地的世界屋脊上，也會有盛開的雪蓮花。這時候，拜倫第一次會見了表姐瑪格麗特‧帕克。

此時的他，苦惱於整個燃燒起來的愛戀的情火中。他在筆記上寫道：

備受虐待的童年

她美麗、柔和得像是彩虹做成的一樣。像往常那般，我的情感以激烈的力量壓迫我自己，睡不著，吃不下，連休息也不能夠了。

戀情不是因為瑪格麗特‧帕克的美貌而產生的。對瑪格麗特的熱愛，像冰雪中的一片紅梅，投給他黯淡的少年生活以一線光明。

正在這個時候，迷信的母親還在聽女巫的占卜：

你有一個跛腳的孩子。他結兩次婚。第二個太太是外國人。你的兒子一生有兩個危險時期：一次是 27 歲前後，再一次是 37 歲前後。

拜倫在隔壁靜聽著，他一生也不曾忘掉這個預言，以至於他後來在 36 歲病入膏肓的時候，都因為這個預言而想要放棄治療。

韓生律師覺得拜倫必須接受比較系統的教育，因此建議他母親送他去倫敦。韓生說，那裡或許有醫生能治療拜倫的腳。韓生幫拜倫的母親向國王請願，爭取到拜倫到達威區一所小學校就讀的一切教育費用，並請拜倫的親戚卡力索伯爵擔任監護人。

1799 年 7 月 12 日，拜倫隨著韓生先生到了卡力索伯爵家。

拜倫進了達威區的學校以後，因為拉丁文的訓練不夠，再加上不專心學習，所以名次一直落在別的學生之後。

韓生先生覺得這樣下去也不是辦法，於是便勸說卡力索伯爵讓拜倫到哈倫的公立學校去唸書。韓生先生明知以拜倫的程度，上公立學校的確有些吃力，可他卻說：「這小孩子還有點聰明，總是可以造就的！」

因為韓生看出拜倫的智商在同齡的孩子裡是罕見的高，艱難的生活促進了智商的發展。畢竟一個生活在幸福環境的孩子是不

需要思考那麼多問題的，他們只需要直接從父母手裡「拿來」各種真理。但是處於不幸的家庭環境中的孩子，就像拜倫這樣的家庭，他們還需要思考父母令人匪夷所思的行為是什麼原因造成的；他們需要思考人生的價值，他們在智力上更發達。

　　韓生覺得拜倫只要能在一個好的學校讀書，一定能透過自己的努力取得不錯的成績。拜倫也的確是愛讀書的好孩子，他將來必然會大有一番作為的。

　　後來，拜倫的母親終於取得了每年 300 英鎊的皇家補助費，韓生先生也給拜倫選定了合適的學校 —— 哈倫公學！

求學於哈倫公學

1801 年的 4 月，韓生帶著拜倫到哈倫公學去見校長。這是一所有名望的學校，學校離倫敦不遠，大約只有 9 英里。

這座歷史悠久的公學創立於 1571 年，那時候的哈倫公學，正是在著名校長德魯里博士的領導下，頗有成績的時候。這裡樹木參天，河水清澈，風景優美。當然這些都不是最重要的。最重要的是這是一所沒有等級、沒有偏見的學校，就連美國大使也把孩子送到這裡讀書。

儘管如此，拜倫在這裡還是受到高年級學生的嘲弄和欺負，但是他以強大的忍耐力和鬥志戰勝了那些嘲笑他的人。他甚至還為其他人出頭，替他們挨打。他的自我犧牲、捨生取義的精神在那個時候就已經初步形成了。

在哈倫公學，他第一次遇見值得他尊敬的人物，那便是校長德魯里博士。博士的嚴格公正的態度，使他深為敬佩。

所以，到後來德魯里博士校長職務被罷免而由巴特勒博士代替的時候，已經是劍橋大學生的拜倫，還作了一首短詩來歌頌老校長而痛罵新校長。不過，後來他明白他誤解了新校長巴特勒，便很慚愧地去道歉認錯。

當時是韓生律師把拜倫介紹給德魯里博士認識的。他說：「這是個可憐的孩子。他從小受了很多人的欺負，不過他天資聰明，是個讀書的好材料，希望博士能多關注他。」德魯里博士送走韓

生律師之後，便把拜倫領到自己的辦公室。

他問了拜倫的一些個人的想法，了解到拜倫是個不錯的孩子。只不過他更像是「野慣了的小馬」需要好好調教。他認為拜倫不是個簡單的小孩兒，他認為拜倫是很有思想的。

校長看出了拜倫的天分，他在寫給拜倫的監護人卡力索伯爵的信中說：「這孩子頗有天分！將來會給他的爵位錦上添花。」

拜倫很擔心自己因為功課跟不上會被安排到比他小的班級。他和校長說了他的擔心。校長覺得拜倫是敏感的孩子，儘管功課可能跟不上，但是他還是決定把拜倫分在和他同年齡的班級。為了防止小拜倫跟不上課程，他還特別指定一名教師對拜倫進行課外輔導。

德魯里博士發現，對於拜倫這樣像「小野馬」一樣桀驁不馴的孩子不能來硬的，用細絲線牽引比用粗繩子捆綁好用得多。所以拜倫很快被德魯里博士的教育方式所折服。因為德魯里博士和別的大人不一樣。他是很講公平、公正的，他教育人的方式也很嚴格。拜倫第一次接觸到活得這樣真實的人。他不像其他人那樣帶著偽善的面具。

暑假好不容易來臨了，拜倫又可以回去和母親在一起了。這時候韓生先生又為拜倫向皇家高等法庭爭取到每年 500 英鎊的教育經費，並且請來貝里和勞瑞醫生，為拜倫設計了一隻鞋。這只鞋子的右腳踝處有個支架，穿的時候用繃帶連腳一起包起來。

穿上這隻鞋子走路，可以調整雙腳的平衡，不至於被看出是跛腳。可是，在學校裡拜倫很不願意帶著這個麻煩的支架，因為這使他的行動不能像別的小孩一樣靈活。

求學於哈倫公學

　　拜倫對每種運動都要嘗試，而且對板球特別得心應手。他也開始結交許多新朋友。年紀比他大的朋友，大都來自平民家庭，拜倫無法與他們交往。而只有年紀比他小的貴族，才肯跟他做朋友。

　　學校的同學們也慢慢地由嘲笑拜倫變成了敬佩拜倫。因為拜倫跛足，他經常遭到同學的戲弄，但是他從來沒有屈服過。他非常堅強和勇敢，他戰勝了他們。

　　拜倫身上似乎存在著一種魔力，他毫無畏懼，也沒有因為自己身體的殘疾而覺得自己卑賤。相反，他是高傲的，他更像一位勇敢的騎士。在學校裡他爭鬥的次數非常多，他從來沒有因為自己是跛足就放棄和那些嘲笑他、捉弄他的孩子抗爭。

　　另外，在學校裡，他參加各種各樣的體育活動或者體育比賽。他喜歡游泳和潛水，他從來沒因為身上的殘疾而示弱。他也不說謊話。在其他同學看來，拜倫就是一位勵志大戲的男主角，他們開始欣賞他的純粹和膽識。

　　第一年的學校生活讓拜倫很累，他不得不應付同學們的嘲弄。他對課業不感興趣。他還經常一個人，搖搖晃晃地爬上學校附近的哈倫山頂。那山頂有一座教堂，教堂旁邊就是寂靜的墓地。

　　拜倫喜歡坐在墓地上冥想死亡的恐怖景象，有時他眼前馬上就變成了烈火叢生的地獄。這讓他很害怕，他更希望人死了，就和睡著是一樣的，安安靜靜地躺在墓地裡才好。

　　因為此時他深深喜愛的表姐去世了。她只有 15 歲，那是花季一樣的年齡。他不忍心地想到表姐美麗的樣子被裝進棺材，埋到土裡，他難過地閉上了眼睛。

後來他為表姐寫了這樣一首詩〈悼念一位淑女之死〉：

晚風沉靜夜已靜，
林間微風悄無聲。
清掃瑪格麗特墳塚，
花獻鍾愛之塵土。
狹小墓穴藏身軀，
當年芳華消逝。
如今死神攜她去，
天年難被麗質救贖。
哦，死神若仁慈，
上蒼撤去裁決，
悼者不必訴哀思，
詩神不必贊潔瑩。
何須痛，其魂已高翔，
凌越於蒼穹。
天使領路入閨房，
「德行」迎來樂無窮。
可容凡人責上蒼？
如痴斥天意。
驕狂妄想已遠殤，
上帝旨意安能抗拒。
淑貞美德不能忘，
嬌容憶如初。
一往情深熱淚盈，
賢德麗質心頭進。

　　這首悼念表姐的詩，寫得非常哀怨，文筆流暢，字裡行間流
露出對姐姐英年早逝的無限感嘆和傷心。這是拜倫目前留存下來
的詩歌的第一篇作品。這首詩在拜倫的一生中比不上《唐璜》，
但是，它對於拜倫來說是非常重要的，由此他開始走向了詩人的
道路。

受傷的第一次戀愛

1803 年暑假，15 歲的拜倫回到紐斯臺德的古堡。經過韓生先生的努力，紐斯臺德的莊園終於找到了承租的人格雷先生。

那是一個 23 歲的年輕貴族，地位比拜倫要低，但是他願意以一年 50 英鎊的租金租下紐斯臺德這塊地方。也因為這樣，拜倫的母親必須搬到附近一個名叫南井的地方去住。

放暑假的時候，拜倫雖然和母親住在一起，可是，不久就對這個只有 3,000 多人口的小鎮感到了厭煩。於是，他們又搬回紐斯臺德和看守莊園的人住在一起。

拜倫是被當作客人邀請來的。

他走進森林去尋找他 6 年前種的橡樹，它們已經長起嫩芽。穿過森林，在「新娘的小路」盡頭那邊，便是親戚查沃思家，那裡住著美麗的瑪麗·安·查沃思。

他用一種和他年紀不相稱的口吻說：「要是它茂盛了，便是我也走運了。」

涼風吹拂著林蔭路，水蓮花開滿了清水池，月明烏啼的古城樓，似乎 300 年前僧侶們禱告的聲音隱約聽得見，黑袍僧幽靈出沒的長廊，這一切，都充分刺激著少年人的幻想。這座古堡還是老樣子沒有改變。

寂寞的拜倫對於比他大兩歲的瑪麗·安產生了熱烈的愛。生長在森林的城堡中的瑪麗·安不正是中世紀傳奇小說裡面的公主嗎？拜倫的思緒像野馬一樣奔騰。

受傷的第一次戀愛

拜倫在月光下偷偷從小路去探訪戀人的窗口，那不正像莎士比亞劇中羅密歐與朱麗葉的愛情故事嗎？況且，她的一位先人正是被拜倫的伯祖父「殘酷老爺」一刀砍死的，拜倫家和查沃思家也有世仇，那不完全和羅密歐與朱麗葉的故事一樣嗎？

拜倫似乎是痴迷於他和瑪麗·安之間世仇的身分而產生的愛情。這樣的愛情，更有傳奇的色彩。瑪麗·安此時還贈送給拜倫自己的肖像和戒指作為禮物。拜倫已經把它當作定情信物一樣珍視。

可是瑪麗·安並不像拜倫頭腦裡所想像的那樣純真。她已經和鄰近的財主紳士訂了婚。她把拜倫當成情人一樣，因為在她看來，多幾位不同類型的男朋友，是證明她有非凡的女性魅力的證據。她和拜倫在一起只是為了拿他尋開心，可是這一切拜倫還被蒙在鼓裡。然而紙是包不住火的，夢想的破滅正等待著可憐的拜倫。

有一晚，拜倫像平常一樣，到她家去，在樓下大廳等著。她並不知道他的到來，還在樓上和使女談話：「你以為我會喜歡那個瘸子嗎？」

這聲音像個大鐵錘一樣重重地打在少年的心上。他翻轉身，在黑暗中曳著跛腳跑過森林，回到紐斯臺德古堡。

當他進了自己的房裡，趕忙把門關起來。一頭栽倒在床上，悲哀和憤怒像暴風雨一樣在他身上猛烈襲擊著。他像死了一樣絕望，那句話對他來說簡直就是奇恥大辱。

因為幾天前他們還像一對真正的情侶一樣策馬揚鞭在城堡裡

追逐嬉戲。他把她當作愛人一樣看待，而她卻只把他當做玩偶。他沒想到這樣美麗的女孩竟然在玩弄他的感情。這實在是太過分了。

可是，苦痛得徹夜難眠的拜倫，第二天早上竟然安然無恙地去拜訪查沃思家了。他裝作一點事也沒有的樣子，像平常一樣地和瑪麗·安遊玩。

儘管他的內心像被刀砍斧剁一樣痛苦，但他本人卻波瀾不驚地和對方談笑風生。有著鋼鐵一樣堅韌精神的他，無論什麼痛苦都能夠默忍。他和別人不同，他不想逃避那使得自己痛苦的人，反而要去接近她。

瑪麗·安的那句話，已經成為拜倫心中一生難於消除的創傷。儘管表面上他泰然自若，可是內心已經對女人失望透頂。

9月來臨假期結束之際，他斷然拒絕返回哈倫公學，無論母親嚴格地命令他回去，他都不為所動。

他寫信給母親說：「我知道回哈倫公學的時刻到了。回去會使我『痛苦』，但我願意『服從』。我只想懇求你再寬容一天。我『發誓』，明天下午或者傍晚我就能回來了。」

對於這個15歲的孩子來說，這是一封態度非常堅決的信。雖然他母親同意了寬限一天，但是拜倫第二天也沒有動身。兩個星期過去了，他還沒有去學校。他需要時間來撫慰內心的創傷。

這是他的第一次失戀。這也是使他終身對女性抱著深刻厭惡感的根源。

在女人面前，他總不太喜歡開口說話，更多的時候他只是低

垂著雙眼沉默著。在母親和乳母虐待下長大的他，實際上是害怕女人的。現在他的初戀又被這樣殘忍地踐踏，從這一刻開始，他要報復女人。

「好的！就這樣做！」內心燃燒著熊熊的怒火的拜倫倚在古堡的窗前默默地發誓要報復女人。

唯一愛的親人

　　初次戀愛失敗對拜倫的影響很大，他整整一個學期都沒有上課。直至 1804 年，拜倫才再次來到哈倫公學繼續讀書。

　　校長沒有因為他逃學 3 個月而處分他，相反，他還很器重拜倫，他把拜倫招到了自己帶隊的特別學習小組，傳授他拉丁文和希臘文。此時的拜倫已經是高年級的學生了，他有欺負低年級學生的能力，但他從來不那樣做。他喜歡保護那些比他小的孩子們。

　　在他的保護下，低年級的學生很少被人欺負。他從保護他們之中得到了滿足感。他覺得自己是一個非常有用的人。在學校裡，他的威望也逐漸升高了。同學們很敬重這位可愛的大哥哥。在哈倫公學的演講日，他作為代表進行演講。在同學們看來，這是非常高的榮譽。

　　他的同父異母的姐姐奧古絲塔，就是在他對女人絕望的時候闖進了他的生活的。

　　奧古絲塔是傑克·拜倫和死去的前妻所生的女兒，比拜倫大 4 歲。奧古絲塔在母親死後被帶到外婆家去養育，拜倫只是聽說有這麼一個姐姐。拜倫出生之前，奧古絲塔也曾被現在的拜倫夫人接回來過。但是拜倫一出生，她又被帶到外婆家去了，所以兩人 10 多年間都沒有會見過。

　　他們兩人初次會見的時候，拜倫 15 歲，奧古絲塔 19 歲。兩人一見便非常要好。從這一年起，拜倫和奧古絲塔之間的通信便開始了。

唯一愛的親人

拜倫第一次給姐姐寫信是這樣的，他寫道：

現在我要盡我最大的努力來報答你的好心。我希望你不但是把我看作是你的弟弟，而且看作是你最熱情、最愛慕的朋友。如果情況允許的話，再把我看成是你的保護者。

請你想一想，我親愛的姐姐，無論在血緣上還是在感情上，都是我在這個世界上最親近的人。要是有什麼事我能為你效勞，只消說一聲就行了。相信你的弟弟吧，相信他永遠不會辜負妳的信任。

遇見表哥喬治·利時，請轉告他，我已經把他看作是我的朋友。我的和藹可親的姐姐啊，不管什麼人，只要妳愛他，我也會同樣愛他。

奧古絲塔已經和表哥喬治·利陸軍騎兵上尉訂了婚，正熱烈地想念著未來的良人。拜倫的來信讓姐姐很高興，後來他會在信上和姐姐探討愛情問題。

他寫信告訴姐姐說：

我想馬上去參加舞會，然後瘋狂地愛上一個女人，隨便哪一個女人都行。這將是一種樂趣，能消遣時光，而且，它至少具有一種值得歡迎的新奇的魅力。

你知道，在隨後的幾個星期之內，我會陷入絕望，會一槍幹掉自己，「砰」的一聲離開世界。我的一生將作為素材提供給人們，好讓他們寫出一段簡潔美妙的羅曼史……

奧古絲塔回信說：

愛情是一種十分嚴肅的情感，我和表哥喬治·利之間的愛情就是那樣的深厚。以至於我願意為他承受一切，不論是幸福還是苦難……

拜倫卻用與他年齡不相稱的口吻來揶揄她說：

聽說你那樣熱戀著情人，恕我無禮 —— 我不覺失笑了。依我看
來，戀愛不過是巧言、假話和風流故事相混合的囈語。要是我，
如果有 50 個情人，只消兩週之內就完全忘卻了。

奧古絲塔是拜倫的第一位知心女友，她了解弟弟生活的苦難
來自於他母親魔鬼一樣的脾氣。

拜倫和母親越疏遠，和奧古絲塔的關係就越親密。拜倫再一
次回到哈倫公學讀書，又是新一學期的開始。不過，這次回去，
卻是出於自己的決定。他在寫給母親的信中說：

富有、尊貴的路就在我面前，只要我肯，就能開出一條途徑來，
否則我將會走向滅亡！

16 歲的拜倫，理想和抱負已經十分明顯，他夢想著做一個議
會中的著名演說家，因此，在哈倫讀書的時候，他對演說這一科
目特別用心，也一直想博得校長的讚賞。

這是一個少年在成長過程中必須經歷的事情，他需要磨礪、
需要實現抱負。就像我們小時候經常說要當科學家一樣，幼小的
年紀就有著這樣理想的拜倫，並不是普通人。這也為他將來投身
於民族解放運動中埋下伏筆。

他自己表示，在哈倫上學的時候，大家都覺得他除了玩耍、
搗蛋和發呆以外，並不喜歡讀書。其實，這都是對他的誤解。

「事實是……」拜倫說，「我吃飯也讀書，在床上也讀書，別
人沒有讀的時候我還在讀書！而且，從 15 歲開始就什麼書都讀
過了。」

唯一愛的親人

拜倫的母親的脾氣隨著年齡的增長在不斷惡化。拜倫和母親之間的關係也非常惡劣。他們就像不共戴天的仇敵，如果有一天不吵架，那就是奇蹟。

每次吵架他們都互相侮辱對方，把對方說得一無是處。拜倫的母親叫兒子「魔鬼」，是她的仇人。拜倫也不甘示弱，他諷刺母親說假話隱瞞結婚年齡，是對年輕的小夥子心存不軌。

拜倫說：「以前是她放縱我、溺愛我，現在卻相反。而且，我們母子間之所以會爭吵，都是為了那個討厭的格雷先生……有一次我幾乎懷疑我母親是不是愛上了他。」

事實上，拜倫的母親是個很可憐的女人，她 27 歲就守寡，為了兒子，她一直過著艱苦的生活。她去英格蘭完全是為了兒子的生存考慮。可是拜倫繼承了祖上暴虐的性格，他對母親的苦心毫不理會。他們經常大吵大鬧之後又互相後悔，他們不斷互相刺激對方發怒又不斷受到對方的傷害。

奧古絲塔竭盡全力去調和拜倫和他母親之間的關係。她親自給律師韓生寫信，讓他從中調和，及時匯報拜倫和母親之間的關係發展情況。如果拜倫想出來散心，她也表示歡迎他來。她希望自己作為一個姐姐可以更好地照顧弟弟。

暑假結束的時候，拜倫又受到了一次更沉重的打擊 —— 那是他 9 歲時曾經的玩伴瑪麗·達夫的結婚通知。從母親口裡聽到這個消息的時候，他幾乎要摔倒了。

快到開學的時候，他跨上馬背，穿過紐斯臺德的森林，去訪問瑪麗·達夫。那是為了去向不久就要出嫁的她作最後的告別。

透過家庭的禮拜室，他靜坐在椅子上等著她。因為他內心充滿悲哀，所以他的臉色是極其蒼白的。他拿起紙來想寫字，哪怕是寫下幾句道別的話也好，可是他的手一直在發抖。不得已之下，他放棄了，靜靜地坐在教堂裡等待著瑪麗·達夫的到來。

隨著裙襬的摩擦聲，她走了進來。她知道拜倫是喜歡她的，知道他對於自己的出嫁是用絕望心情來忍受著的，所以她來跟他作最後的道別。

看見瑪麗·達夫出現，拜倫立刻從椅子上站起來。他握住她伸出來的手，那是像冰一樣冷而顫抖著的手。兩個人交換了最後的一個微笑。對於瑪麗·達夫來說，這就是和拜倫的訣別，從此兩人的生活就再也沒有交集了。拜倫把她的手驀地放下，轉過身急忙走到室外，敏捷地跳上拴在庭前的馬，「刷」的一鞭，向著廣闊的森林飛馳而去。誰也沒有看到他離開時眼角的淚水。

他寫下了這樣的詩來表達他和瑪麗之間的感情：

吻似寒冰，
心要破碎，
默默無語，
流淚分手，
那一刻，預兆了我今日的悲痛。
清晨落在我額角的寒露，
是我此刻心情的預兆。
妳變了──
變得如此輕浮，
當人們提到妳的名字，

唯一愛的親人

我聽後也感到羞辱。
他們在我面前講妳，
聲聲如同喪鐘，
我不禁顫慄自問，
為何對妳那般情重！
他們並不知我與妳相識，
相識那麼深。
我長久長久地悔恨，
恨到深處無法告訴他人。
妳我曾祕密相會，
我在沉默中悲傷，
妳如何自欺欺人，
把這一切全部遺忘。
如果在許多年之後，
又偶然見面，
我將如何面對妳，
只能默默無語。

這次打擊，讓拜倫性情發生了很大的改變，他會不擇手段地對她，因為他實在太愛瑪麗了。他的這些變化並沒有引起其他人的注意，只有姐姐奧古絲塔發現弟弟拜倫已經從一個溫柔熱情的青年變成了冷酷無情的模樣了。

叛逆少年的成長

　　拜倫很快迎來了哈倫公學的最後的學年。此時的拜倫已經進入了青春的叛逆期，他會被各種各樣充滿衝突的想法折磨到脆弱的神經。不過在學校裡他已經如魚得水，沒有人再注意他的跛腳，學習和生活都在有條不紊地進行著。

　　已經當上班長的他威望與日俱增。在英國的公學裡，總有幾位出類拔萃的學生「統治」著學校。拜倫也終於躋身到這個行列之中，同學們對他非常尊敬，他們簡直視他為神明。拜倫深深地陶醉其中。他甚至把自己的名字用力地刻在木頭上，擺在學校許多傑出人物名字中間。

　　拜倫得到這些不是白來的，他是可以為朋友「兩肋插刀」的人。他有了一個非常好的，像女孩一樣美的男朋友 —— 德拉瓦。拜倫對這個朋友很好，這卻引起了其他人的嫉妒，大家甚至為此事起了不少爭執。這讓拜倫苦惱不已。因為自己為德瓦拉付出了那麼多，可是他卻覺得那都是拜倫應該做的，他絲毫也沒有為此表示過感謝。

　　雖然拜倫在四年級的生活總的來說是愜意的，但是這種愜意的生活很快被打破了。校長要退休了！德魯里博士要在復活節時退休，退休前，他對拜倫大體上是滿意的。因為此時拜倫的學業進步很快，他已經是全校的第三名。但是拜倫的性格卻讓校長很擔心。

叛逆少年的成長

因為拜倫性子太野了，他還缺乏判斷力，校長最擔心的是自己退休之後拜倫會搞出很多麻煩來。當候選人裡有老校長的弟弟馬克‧德魯里時，他也就非常擁護馬克‧德魯里。拜倫甚至還成為支持馬克‧德魯里一派的領導人。

可是大主教選擇的校長卻是另一位博士 —— 巴特勒。這讓學生們非常意外。於是拜倫和好友威爾德曼開始了指揮學生們反抗巴特勒的行動。他們竟然企圖炸死這位剛上任的校長。他們外出時總帶著裝滿子彈的手槍，他們想找機會幹掉新上任的校長。

他們中的激進分子，還在通往四年級的教室的路上撒滿了黑火藥，希望當巴特勒校長走來時，點著火把他炸得粉身碎骨。一個叫詹姆士的孩子勸阻了他們，倒不是怕真的鬧出人命，而是怕毀壞了學校的建築而玷汙了學校幾十年來的威名。

巴特勒作為新校長，想盡辦法處理好和這些孩子們的關係，他為他們演講，為他們上課，還和他們談心，甚至請過他們中間領頭的學生吃飯。但是這些努力絲毫沒有造成任何作用。巴特勒校長得到的只是更多學生的嘲笑和挖苦。

學生們在拜倫的領導下，有計劃、有步驟地一步步的把巴特勒校長逼上了難堪的絕境。這些孩子似乎有些是非不分。他們不但拆掉了巴特勒校長家窗戶上的鐵柵欄，說那些柵欄遮擋了室內的光線，拜倫還寫了許多「打油詩」來諷刺這位新校長。

巴特勒把這些事情告訴了退休的老校長，希望能得到這位德高望重的老校長的幫助。為了緩和事態，德魯里博士決定去對哈倫公學做一次私人訪問，他希望能好好勸說一下這些叛逆的學生。

學生們得到了老校長歸來訪問的消息，個個都歡欣鼓舞。大家早早集合在路口邊上等著他。當老校長的馬車出現的時候，他們跑上前去，解開了馬車的韁繩，讓馬跑到山頂。

學生們這麼做是希望老校長能留下來。這種簡單的「計謀」流露出學生們天真可愛的想法。這讓老校長非常感動，他終於決定留下來陪這些可愛的孩子們，協助新校長爭取化解他和學生們之間的矛盾。

在老校長德魯里博士的指引下，拜倫終於可以跟新校長巴特勒心平氣和地談心了。透過那次深入細緻的談話，拜倫明白自己的所作所為有多麼的可笑。

他覺得自己反對新校長的行動是那樣的盲目，只是因為巴特勒校長不是老校長的弟弟這一個站不住腳的理由。他已經意識到自己的錯誤，於是非常誠懇地向巴特勒校長道歉。

在哈倫公學的最後一個學期，拜倫沒有怎麼學習文化知識。他幾乎把全部精力都投入到校長之爭的政治事件裡。儘管如此，他還是學習了不少拉丁文，以及少量的希臘文。他成為學校公認的最聰明的學生。他參加了學校的板球比賽，取得了不錯的成績。此外，他還在 1805 年的演說日，演說了莎士比亞的著名悲劇《李爾王》。他的姐姐奧古絲塔也應邀出席了他的演說。

拜倫的語氣裡有一種詼諧的東西，正是這樣的語氣才隱藏著他本身的一種慾望，那種慾望就是要在朋友面前炫耀一下姐姐的美麗和智慧，讓他那些同學們羨慕他有這樣一位落落大方的姐姐。

叛逆少年的成長

他終於能毫無愧疚地說出他的一個家庭成員的好處了，這種感覺讓他覺得新奇和愉快。因為他不只有母親一個人可以誇讚。

在 1805 年 6 月 26 日，他即將離開學校的這天，他一個人坐在刻滿刀痕的小凳子上，他在回憶過去。在這所學校裡，他經歷了從排斥到追捧的過程，他在戰鬥中成長起來了。他擁有了好多的支持者和朋友，可是他依然是脆弱敏感的拜倫。

對於未來應該怎麼樣，他徬徨不定，他不知道自己是會在推薦下，以男爵的身分進入劍橋大學學習，還是會在沒落的城堡裡孤苦一生。

面對即將的離別他有太多的不捨，因為他是這個學校的學生「偶像」，他的身邊有一大群的追隨者。離開學校，就意味著要與他們分別，這對於拜倫來說是悲傷的事情。

他說：「我非常不想離開哈倫公學。最後一學期的時候，我每天都要計算一下留在學校的日子還有多少天，真是越算越難過！」

他一個人來到墓地，似乎只有這裡才能讓他的內心徹底地平靜下來。他走到一個名叫約翰‧皮切的墓碑前。他不知道這個人是誰，他也不知道是誰在這裡埋葬了他。他總覺得自己也會有這麼一天，躺在冰冷的棺材裡，被骯髒的泥土埋葬。自己的屍體會腐爛，漸漸變成一堆枯骨。

就算是自己有再大的成就又能怎樣，自己和他們一樣毫無區別，都會隨風而逝。在離開哈倫公學的時候，拜倫就有了這種死一樣的感覺。因為等待他的又將是一個陌生的環境，他又要開始新的抗爭。

但是，無論怎樣，他都要自己的一生光輝燦爛，即使有一天真的被埋葬了，墓碑上只有一行名字的時候，他也希望這名字是一個充滿光輝、萬人矚目的名字。

在劍橋的貴族生活

1805 年夏天，拜倫在哈倫學校畢業。

10 月，他進了劍橋大學。拜倫說：「1805 年，當我 17 歲半的時候，我不太高興進劍橋大學去讀書。原因之一是，我捨不得離開在校最後兩年才開始喜歡的哈倫中學；原因之二是，我不能進入自己想進的牛津大學。而且，這時候，我也為一些私人的家務事而煩心。我感覺自己就像一隻離群的狼，不太願意和別人有任何交往……更令我傷心的是：我知道自己已經不再是個小男孩，我覺得自己似乎已經變老了！」

入學後，拜倫進入了空間廣大的三一學院。在搬進學校東南方一間很寬的房子後，他覺得精神好多了。拜倫一直都喜歡廣闊的空間，這也是在這個學校唯一能讓他覺得舒服的地方之一。

從這時候起，貧窮已經離開了他。因為他接到做貴族領袖的大法官的通知說，從財產中每年撥給他 500 英鎊。於是他具備了可以用一匹馬、用一個僕人的身分了。

可是，這所學校裡雖然沒有貴族與平民之分，但長時間遺留下來的不成文規定，卻特別允許貴族有可以不按時上課和不必參加考試的特權；更過分的是貴族常可以隨意破壞學校的規章制度，可以過自由放蕩的生活。

拜倫終於可以從母親的陰影裡解放出來。他寫信告訴朋友說：「從此我可以完全離開母親獨立了。對於長久地蹂躪了我，擾亂了所有愛情的母親，我決心以後絕對不去看她，也不再繼續

維持什麼親善關係。」

　　他在哈倫公學做高年級學生的時候，身邊聚攏著許多美少年，隱然控制全校。他雖然跛腳，卻是校內第一名游泳健將，又是棒球的選手。但是，做劍橋大學的初年級生，那些簡單的東西已經不能滿足他的慾望了。於是，他隨著那時候的學生風氣，開始喝酒賭錢，用那 500 鎊的津貼，過著十分奢侈的生活。

　　拜倫在哈倫公學雖然交了許多貴族朋友，但是在劍橋的朋友中，卻是一個貴族也沒有。起初他也想和那些貴族一樣整天吃喝玩樂，但卻覺得絲毫沒有樂趣可言，有時反而覺得渾身不自在。

　　因為他生性不愛喝酒，又討厭賭博。所以他很難和那些浪蕩公子、紈絝子弟玩到一起。但是他有一顆不服輸的心，他最怕比不過人家，為了拔得頭籌，他不惜重金，從倫敦買來紅葡萄、白葡萄、法國紅葡萄、馬地拉 4 種酒，每種 48 瓶，開始每天練習喝酒直至深夜。為了在賭博中有出色的表現，他又夜以繼日地研究打骨牌的方法。終於，他很快學會了打骨牌。

　　他給韓生先生寫信時說：

> 這些人所追求的東西很多，吃、喝、玩、樂、睡覺、打架……但是，永遠輪不到讀書。我坐下來寫這封信給你，可是，我滿腦子裡都被這些放浪的行為所籠罩……我雖然對它們深惡痛絕，但卻依然不能避免……終歸而言，畢竟我在這裡還是最穩重的人！我沒有招惹任何麻煩，也沒有進退兩難的痛苦遭遇……

　　拜倫在劍橋所結交的第一個朋友，就是從前在哈倫一起讀書的朗格，他是在拜倫的一些酒肉朋友之中比較志趣相投的同學。

在劍橋的貴族生活

他們一起游泳，一起騎馬讀書。晚上，朗格還會吹橫笛和拉大提琴讓拜倫欣賞。有時候他們一起騎馬到堤壩上，只有這時候，拜倫才可以暫時忘掉每天和那些吵鬧的朋友相聚的不愉快。

雖然，有時候拜倫晚上也和那些吵鬧的朋友混在一起，但卻能自己偷空讀書。有一本華特·史考特的詩集，就是在一個有「混蛋王」之稱的傢伙的屋子裡讀完的。

這樣的生活，一年 500 英鎊津貼是遠遠不夠的。他向家庭律師要求增加津貼，被拒絕後，在 12 月 27 日寫給奧古絲塔的信中，他要求姐姐替他作保，他要朝私人高利貸借幾百英鎊。這是拜倫首次和放高利貸的人扯上關係；而且，在以後的三四年中，他一直都靠借貸過活，並且債臺高築到數千英鎊。雖然奧古絲塔堅持要替拜倫還債，但他卻拒絕了。

這時候，拜倫不僅在金錢上陷入困境，在情感上也似乎陷入低潮，但是他認為即使向人傾訴，別人也不容易了解。

從他 1807 年寫給伊麗莎白·比果小姐的信中，我們看到拜倫自己透露，他在劍橋的三一學院教堂裡，看到一個唱詩班的男孩，令他非常欣喜。

最初是他的聲音吸引了我，然後是他的容貌，最後，他的態度使我想要永遠和他在一起。我愛他甚於一切，時間距離都不能改變我。在劍橋的時候，我們每天在一起，不論春夏秋冬，沒有一刻會感到無聊；而且，每次都依依不捨地分開。

他的好友隆在 1821 年的日記中寫著：

他的友情，以及一股激昂卻純潔的愛和熱情，當時也曾使我非常
感動，也是我一生中最浪漫而快樂的時期！

後來，他住在皮克迪裡大街上，找來一個身分低賤的女子做情
人。把她扮成男人，當作自己的弟弟帶著。又僱了拳擊選手傑克
森和劍術家安德魯，每天練習拳擊和劍術。這些劇烈的運動使他
很快地瘦了下來。

劍橋的新學期在 2 月 5 日開學，但拜倫仍舊留在倫敦。而
且，當歸還借貸的限期到了以後，奧古絲塔並未按時替他作保。
為了這事，拜倫很生氣，他連續好幾個月都不跟奧古絲塔通信。

最後，因為債主不斷逼債，拜倫沒辦法，只好找房東和房東
的女兒替他作保。奧古絲塔知道了，心裡非常難過，她覺得拜倫
在倫敦靠借錢過日子，也不好好讀書，非常令人擔憂。拜倫的母
親也因為兒子借高利貸的事情而感到不安。

拜倫向放高利貸者以極不合理的利息借得 900 英鎊，還清了
債務，又付了 231 英鎊的學雜費。但是，他還是沒有回學校去讀
書的意思。

他有點幸災樂禍地寫信給他母親：

我身邊雖有些錢可以周轉，但是，我覺得還不夠我一學期的費
用。在英國大學進修，對一個有身分地位的人來說我想你也清
楚，不太可能，而且是非常荒謬的想法，也許我不能在法國有什
麼發展，然而，柏林、維也納或聖彼得堡還有我容身的機會！

他的母親接到信後，幾乎要暈倒了！她看出這個小孩完全學
著他爸爸的樣子，四處借債，揮霍無度地過日子。這樣下去，他
雖然還未成年，那也離自我毀滅不遠了。

在劍橋的貴族生活

在絕望中，拜倫的母親寫信給韓生先生說：「這小孩將會是我的致命傷，他快要把我逼瘋了！我絕對不會同意讓他去外國，再說，他去哪裡籌這筆錢？他不是已經被高利貸控制住了嗎？啊！這孩子，真是沒有感情，沒有良心！」

到 3 月 10 日左右，拜倫借來的錢又花光了，他不得不寫信向韓生先生求援，請他幫忙為他湊足 500 英鎊以便還債。他對倫敦也有點厭倦了，於是，在 4 月中旬，他又回到劍橋大學去了。不過他亂花錢的習慣還是跟以前沒有兩樣，不但慷慨捐款給學校，甚至又買了一部豪華的馬車。

拜倫是否到學校上過課，大家都不太清楚。因為在和別人的通信中，他一次也沒有提起過在劍橋讀書的事情，以至於儘管第一學期他付了 20 英鎊 17 先令的書錢，在讀書之餘，他把大部分的時間都花在寫詩上了。

發表處女作詩集

　　雖然拜倫在學期快結束的時候才回學校，但回去以後，也沒有待多久，因為他的口袋又空了。暑假來臨了，在迫不得已的情況下，他回到母親的身邊。

　　這次回家，他又和母親大吵了一架。這是一次不幸的見面。脾氣更加古怪的母親，為一點點小事情也要對著拜倫發怒。

　　有一天，她不管皮戈特家的孩子們都在座，突然生起氣來，她咆哮著吼道：「你這個魔鬼變成的小『跛子』，看你那猥瑣的身體裡就隱藏著罪惡的靈魂。你又把家裡弄得亂七八糟的，真是混帳！」

　　說著，隨手便拿起火鉗子向拜倫扔過去，拜倫急忙躲開了。他好不容易從家裡逃出來，因為再在家裡待下去，不知道母親還會用什麼樣恐怖的手段對付他。他暫時先到皮戈特家裡避難，不久就回倫敦去了。他發誓一生也不再去看母親。因為他覺得這個所謂的母親就是個變態的魔鬼！

　　聽見這話，他的母親怎麼也不敢相信那是真的，她隨後立即趕到倫敦來探望拜倫。可是這回拜倫是態度堅決，不再理會她。拜倫的母親只好傷心地回家了。

　　拜倫在這次和母親的抗爭中取得了最後的勝利，他很高興地和約翰·皮戈特待在一起。約翰是伊麗莎白的兄弟，在醫學院求學。拜倫像一位大哥哥那樣處處保護著約翰·皮戈特。

發表處女作詩集

　　拜倫很沉醉於保護和照顧比他弱小的漂亮男生。此時拜倫也變得非常英俊帥氣，他再也不是小時候那個胖胖的臃腫的樣子了。他很嚴格地控制自己的飲食。他不吃肉，一天只吃一頓飯，餓的時候只吃一點點蘇打餅乾。在這樣刻苦的堅持下，拜倫秀氣的臉龐充滿了男性的魅力。

　　可是由於他從小就受母親和乳母的雙重虐待，他對女人很仇視。他告訴約翰・皮戈特：「不要相信女人。想要征服女人，首先要蔑視她們。」

　　拜倫帶著崇拜他的約翰・皮戈特去旅行了。他們去了南方薩塞克斯海岸遊玩。一路上他們遣散了僕人和車伕。

　　旅行過後，他從放債人手中借來的錢完全用光，走不動了。到頭來只得回到自己說過再不要看見的母親那裡。他的母親看見兒子回來了，心裡很高興，她再也不敢輕易說什麼話來招惹兒子生氣了。其實她不知道，拜倫此時是彈盡糧絕，身無分文，他根本沒有地方住，只好把母親家當作自己的避風港。

　　在家裡住了 7 個月，拜倫已經習慣了這裡的生活。他開始調整生活狀態，讓生活變得有規律起來。他有一天聽見伊麗莎白給他讀詩，他覺得那首詩不錯，於是對她說：「我也寫過幾首，我更喜歡蘇格蘭詩人彭斯的詩。」他用類似彭斯的手法寫下了幾句：

安思來的山嶺啊，貧瘠而荒涼，
我無憂無慮的童年在這裡迷失了方向……

　　這兩句詩讓伊麗莎白著迷，她覺得如果拜倫不寫詩那簡直太遺憾了。她已經有點崇拜拜倫了。對於拜倫來說，伊麗莎白是個

完美無瑕的朋友，她溫柔忠貞，是男人們心目中最完美的女人。可是拜倫只把她當作好朋友。

拜倫在伊麗莎白的鼓勵下，開始認真寫詩。他握著筆一直寫到深夜，第二天把寫好的詩拿給伊麗莎白看。這是他那時候每天必修的功課。伊麗莎白每天都耐心地批評或者鼓勵他。她就像一位良師益友一樣出現在拜倫的生活裡，讓拜倫仇視女性的態度略微有所改變。

他在這位姑娘面前從沒有感到不快。但是多情的他，對這位姑娘卻沒有產生愛情。這是在男女間從開天闢地以來的不解之謎。這麼淑貞高尚的女性很少吸引男性，正像親切溫良的男性反而不吸引女性一樣難以讓人理解。

在這位可愛的令人敬仰的女性朋友的鼓勵下，他很用功作詩。有時候，拜倫還會和這裡的一位牧師朋友探討命運和宇宙之類深奧的話題。他每天在自己的城堡裡騎馬、游泳，或者和美女跳舞嬉戲。這讓他的日子過得很有滋味，他也因此得到了很多寫詩的靈感。

很快，他自己寫的詩就出版了一冊《偶成集》。可是他的那位做牧師的朋友說，其中題為〈贈瑪麗〉的一篇，有傷作者的名譽，勸他不要發表。

他只好把印刷好了的詩集全部銷毀，再把其他的詩題作《偶然的歌》出版了。那時候是 1807 年 1 月。在那作品裡出現的人們，被他家鄉諾丁漢郡索思維爾市市民認為是影射攻擊自己，他們便囂張地發怒了。拜倫不能忍耐鄉野小城居民的可厭，便決心再回倫敦。

發表處女作詩集

　　可是由於對這本詩集還有再加整理的必要，他耐心地在那裡又停留了幾個月，把一切準備好以後才回倫敦。這次改題為《懶散的時刻》出版了。這是他的處女作詩集。詩集的署名是：喬治·戈登·小拜倫。這一年他剛剛 19 歲，正是青春年少的時候，他的狂妄、自卑都寫在這本詩集裡。

　　和別的初次著書出版的人們所經歷的一樣，拜倫也抱著不安、希望和滿足的複雜的感情，耐心地等待著詩集發行的結果。他希望這本《懶散的時刻》能讓他在詩壇上嶄露頭角。

　　結果比他所預期的更為順利，這位無名詩人的處女作詩集被讀者接受了。一家書店當天賣出幾本，印刷所兩星期內賣出 50本。又一家書店賣出 7 本。

　　「7本！真的太好了，有人買我的詩集了。我真是太高興了。」拜倫歡喜地說。

　　拜倫的母親也買了拜倫的詩集。她終於不再喝斥兒子的無所作為了；她對兒子的詩集讚不絕口。她終於能告訴周圍的達官貴人們：「你們看了《懶散的時刻》了嗎？那本詩集真的棒極了！知道嗎？作者是我的兒子喬治·戈登·小拜倫，我是他的母親！」

　　每當她說這些話的時候，她的臉上都閃耀著熠熠的光輝，那是一位母親真心實意為兒子感到驕傲！

　　一些評論家們也注意到了《懶散的時刻》，他們開始在一期《評論週刊》上把拜倫的詩集捧上了天。這讓拜倫為自己的處女作感到非常驕傲。又過了些日子，評論家們又在《評論週刊》上

把拜倫的詩集批得體無完膚。這讓拜倫困惑不已。

出版商告訴他說，這都是計劃和安排好的，他們的評論會對你的詩集的發行有利。因為這樣的辯論持續下去，你和你的詩集才不會被人遺忘。這是一個營銷的方式而已，不用放在心上。

1807 年 6 月 27 日，拜倫興致勃勃地帶著新出版的詩集，回到了劍橋大學。他每年的零用錢已稍稍增加，再加上母親為他借貸來的錢，使得他有能力支付學校的費用。

然而，他才回到劍橋，就又打算退學，若不是他待在那裡一個星期和一些新朋舊友閒談甚歡的話，他也許不會在劍橋再待上一年了。

拜倫新認識了兩位朋友，這兩位朋友和拜倫一樣也很會搗蛋，同時他們也和拜倫一樣有異於常人的能力和興趣。

約翰·霍布豪斯，是布里斯托的一位國會議員班傑明·霍布豪斯的兒子，他在 1806 年進入劍橋三一學院。他廣閱史書和政治刊物，並且有維新黨人的思想，他充滿了政治野心和對文學的熱愛。這個人對拜倫的影響很深，也是使拜倫能成為一代民族解放抗爭的英雄人物的關鍵。

查理斯·馬修斯和拜倫的認識倒是有點特別。拜倫回南井渡假時，他曾住在拜倫的房間，有一個人跟他開玩笑說：「拜倫很在乎別人亂動他的東西，所以你對他的物品要特別小心，以免觸犯他的情緒。」

結果他真的就小心翼翼地使用拜倫的東西，連別人進出，他都要人家輕輕地開關房門。

發表處女作詩集

拜倫覺得馬修斯這個樣子很可愛，至少說明他是一個能尊重他人、有禮貌的人。和霍布豪斯比較起來，馬修斯可能較為偏激，他和拜倫討論一件兩人都感興趣的問題時，常讓霍布豪斯暗地裡捏一把冷汗。拜倫和他在一起時，常會情緒高昂地出點子、想些惡作劇來捉弄人。

1807 年 7 月，拜倫以詩人的姿態回到倫敦，他在南井的知名度也越來越高。他在倫敦的發行人考斯貝，在他自己出版的《每月文學漫遊》7 月號刊物中，決定撰文捧一捧拜倫的《懶散的時刻》這本詩集。而在同一刊物，還會刊出拜倫讀華茲華斯詩集後的感想。拜倫的虛榮心因此得到更大的滿足，他向人表示：「我在書商那裡看到自己的名字，但是我並沒有出示我的身分，只是暗暗享受這份光榮！」

拜倫閒暇的時候，除了寫詩之外，就是滿腦子的奇思怪想。他旅行到蘇格蘭高地後，僱一艘船航行到布里島，最後再去冰島遊玩。

當他在秋天回到劍橋大學時，竟然還帶回來一隻熊。他把熊養在他住的閣樓上，還每天帶著牠去散步。他用鐵鏈拴著熊，讓別人看起來既覺得新奇又覺得恐怖。

拜倫就是這樣特立獨行的人。和現在的叛逆青年一樣，他不喜歡被束縛，他喜歡自由自在。他養著另類的寵物 —— 熊，似乎表示他很厲害、很強大。而實際上拜倫這樣的行為是對自己的外表不自信的表現。他一直對自己的跛足耿耿於懷。只有牽著熊在人們身邊走過，聽到人們驚訝的讚嘆，他才能從中找回自信。

拜倫骨子裡並不是紈絝子弟，他喜歡寫詩，只有寫作能讓他發洩內心的情緒。因為他是從小被壓抑的孩子，在他受到欺負和責罵的時候，他都是努力隱忍著，這樣比爆發出來更傷人。所以他很小的時候，就選擇了用筆來發洩不滿的情緒。

　　拜倫依然是年輕的拜倫，他不想真的看起來那麼另類。所以他要偽裝，他需要看起來和普通的貴族紈絝子弟沒什麼兩樣，那才會讓他自己心裡覺得踏實。

　　於是他極力要讓別人有一種錯覺——覺得他和其他的貴族一樣，在劍橋上學就只是「專修」吃、喝、嫖、賭。但事實上，我們從他寫給伊麗莎白小姐的信中可以看出，自從他的詩集印刷出版後，他的作品產量大大增加了。

　　在短短的 8 個星期裡，他已寫了一本 200 多頁的小說，幾首約 400 行以上的詩，還有一些諷刺的小品文。不論在當時還是現在，這樣的寫作速度都是非常快的。

　　拜倫本質上是個勤勞的詩人，他放蕩不羈的外表給人們帶來的都是假象。儘管他初期的作品尚不成熟，但是長時間的寫作，還是讓他的文筆得到了一定的歷練。這也為他將來寫下不朽的詩篇打下了堅實的基礎。

　　他還是一名學生，儘管貴族的身分可以讓他享有很多特權，比如不用考試、不用交作業，但是他還是希望人和人之間是平等的，他覺得自己應該為此造成表率的作用。

　　於是，他決定在 11 月 30 日開始整理他「15 歲以來的作業」。這是比較大的工程，因為寫詩、寫小說，他耽誤了很多的

學習時間，他還是要把那些落下的功課補回來。不過，拜倫一旦認真去對待一件事，就會變得非常仔細、非常認真。他在學業上依然能保持不錯的狀態。

他在朋友的影響下，開始喜歡諷刺作品。在劍橋另一個新學期開始時，馬修斯介紹他認識了國王學院的戴維斯和其他幾個有點小聰明的同學。

在這裡，拜倫對霍布豪斯的友誼及景仰之情日益加深。他們兩個人在一起，不僅是因為同在一個黨派裡，更重要的是因為有同樣的文學興趣──他們都喜歡寫諷刺作品。

那時，他們兩人正巧各自完成了一部諷刺作品。拜倫的作品是對他所認為的當代「英國詩人」作了一次評述；而霍布豪斯則仿效別人的作品對政治和社會的腐敗作了一番批評。

拜倫的另一個文藝界的友人名叫法蘭西斯‧霍積生，他和拜倫都喜歡德來敦和派普的作品。更重要的是霍積生的爸爸與威廉‧寄福即當時最著名的文學批評雜誌《文學季刊》的主編是好朋友。

霍積生與拜倫的友誼發展有點特別，拜倫曾模仿霍積生的諷刺小品以示敬仰，而生活嚴謹的霍積生曾有意把拜倫改變成一個正派的人物，結果卻和拜倫早期的朋友一樣，終生對放蕩不羈的拜倫忠心耿耿。

還有一個朋友叫戴維斯，他是個詼諧、口吃、冷靜的人，富有警句和機智，又是游泳和賭博的能手。拜倫未來出國遊歷的差旅費，還是這個朋友提供的賭資贊助。

在劍橋的新生活沒有多久又結束了。

拜倫在劍橋停留的時間裡,所擁有的像霍布豪斯這些人的友誼,算是他在劍橋 8 年進進出出,所能帶走的最寶貴、最永恆的東西了。

處女作被批判

　　拜倫的作品有著截然不同的兩個方面：一方面是情意綿綿的浪漫抒情詩，比如《恰爾德‧哈羅爾德遊記》、詩劇《曼弗雷特》；另一方面是辛辣刺骨、冰冷地揭發人生的虛偽、充滿欺騙的諷刺詩，《唐璜》便是最有代表性的。

　　他的處女作《懶散的時刻》只是有這兩方面特點的雛形，尚未形成明顯的風格。由於他過分缺乏自信，在私人付印時將一些精華部分刪除掉，而所剩下的不過是些細膩、傷感的作品而已，另外他又加上一些翻譯的希臘詩作品及一些仿作。

　　當他發表了處女作《懶散的時刻》之後，引來文學界一片批評之聲。那是發表在當時英國文壇權威雜誌《愛丁堡評論》上面的匿名批評。

　　《愛丁堡評論》是蘇格蘭輝格黨人的喉舌工具，上面刊載的文章也都是類似檄文性質的政治工具。很早就有人說《愛丁堡評論》正在準備一篇措辭激烈的文章攻擊拜倫，拜倫忐忑不安了很長時間，終於才看到。

　　《愛丁堡評論》上是這樣說的：

這位年輕男爵的詩才，是藝術之神和凡人都無法給以承認的。我的見聞少，從來不知道有這麼缺乏神性和人性的壞詩……可是作者對這本壞詩的辯解，便是說自己尚未成年。

然而不幸，我們卻記得考萊 10 歲的詩和蒲柏 12 歲的詩。儘管這些苦惱的詩是一個青年學生在學校裡寫的，但是我們相信，這樣

的詩，在英國受過教育的青年中，10 個人有 9 個都寫得出來，而那第 10 個則會比拜倫爵士寫得更好。

接著，這位匿名評論家又用一連串的惡言惡語把他嘲罵了一番。評論家說：

這樣的詩，簡直就是無病呻吟的嚎叫，這樣的詩根本不能叫做詩。拜倫只不過是憑藉自己的爵位才能出版這樣的詩集。人們之所以買這本詩集，也就是因為對爵位的崇拜。這些詩對於讀者來說毫無意義。

拜倫就是沾染了貴族風氣的冒失鬼，他這種詩對於讀者來說就是「毒藥」。這樣的水準竟然也敢出詩集，我非常佩服他的勇氣。

要是我出版了這麼「垃圾」的詩集，我早就一頭撞死了。這也就是因為他有錢，所以才敢這麼浪費紙張和油墨。詩不是只要押韻就可以了，拜倫先生似乎根本不懂這一點。拜倫寫的詩，簡直一無是處、不知所云，他竟然對此還頗為得意。人竟然能無恥到這個地步，真是聞所未聞！

這是一篇惡毒辛辣的文章，讀過以後，拜倫徹底憤怒了。他的血液幾乎都要燃燒起來。這時候來到他房裡的朋友，看見他那可怕的豬肝一樣的臉色，差不多想問他是否想要和匿名評論家決鬥了。

文學家們的決鬥的武器不是刀槍，而是他們手中的那支筆。後來他拿起筆來，想要用寫詩的方式來斥責這位匿名批評家。當他寫下 20 行左右的時候，他的心突然就恢復了平靜。

他像一位絕頂的武林高手一樣思考著，他覺得寫下反駁他的詩對於匿名評論家來說毫無殺傷力。他在想一招致命的「必殺

技」。他隱忍著，做著一切戰鬥的準備。他此時已經下定決心要把那個卑劣的傢伙痛切教訓一番。

創作和發表比以前更多更好的名篇，叫天下的批評家們失色！那樣才是智慧的絕地反擊。只有出色的作品問世才會讓那個該死的評論家啞口無言，才能讓他為自己所說的話後悔。

這次拜倫的怒火，使這位風流貴公子一躍而成了世界的天才詩人。或許讓這位批評家也想像不到的，正是因為自己那番惡毒而又刻薄的批評的話，讓一位放蕩不羈的浪蕩公子回頭了。

拜倫對於仇恨的隱忍是從小練成的本事。他想好了怎麼去報復那位匿名的評論家之後就開始積極地備戰。他不僅要完成在劍橋的最後幾年的學業，他還要寫出更加多姿多彩的詩句！

這就是拜倫難能可貴之處，他能面對批評的聲音，儘管他一樣憤怒，但是他可以從批評中取得進步。這也是他聰明的地方，因為與其抱怨對方還不如完善自己。打鐵需要自身硬，拜倫也是要讓自己的文章「硬」起來。

正如拜倫所說：「一切痛苦能夠毀滅人，然而受苦的人也能把痛苦消滅！」拜倫不會被痛苦毀滅，他要消滅痛苦了，他是要向給他製造痛苦的人宣戰。

成為文藝青年

　　1808 年 7 月，拜倫獲得了劍橋大學文學士的學位，他終於從劍橋大學畢業了。這樣，他就像其他的大學畢業生一樣，踏入了變幻莫測的社會。此時他既興奮又有點擔心。因為他不知道，走出學校大門，他會經歷什麼樣的奇妙而又充滿挑戰的人生之旅。

　　拜倫再過半年就要成年了。到那時，在貴族院就會有專屬於他的一個議員的議席，他的財產也不再受監護人監管，可以比較自由了。他殷切地盼望著那一天快點到來。

　　出了學校，他回到紐斯臺德城堡。雖然原先約定租給格雷勛爵 5 年，但是當拜倫前次被邀請去渡假的時候，兩人因為偶然的事情吵翻了，現在再不願意相會，所以得先請他搬出去。

　　等格雷搬走後，拜倫回到紐斯臺德，拒絕了想來同住的母親，輕鬆地一個人住著。從他伯祖父時代起就荒廢了的宅邸，格雷作為租客，當然沒有加以整理。

　　那些廢墟一樣荒涼的空屋倒是很合拜倫的意。相伴的只有老管家墨瑞。拜倫把城堡裡的一間屋子整理出來作為寢室。寢室裡沒有太多裝飾，他只放一張大床，掛一些肖像畫和油畫做點綴。寢室裡的一扇門通向另一間大屋子，那是傳說有黑袍僧幽靈出現的地方。

　　從一個有梯子的門口下來，便進入一座大廳，他用它作書房兼會客室。他又在另外幾間房裡擺設些床鋪、椅子，作為客人住

成為文藝青年

宿的地方。剩下的房子都讓它們荒廢著。這讓拜倫體會到了中世紀城堡主人的快樂！

屋子周圍有 1,000 多畝森林、草場和田地。拜倫有時候靠在長椅子上寫詩，寫累了就從門口走到前庭，靠著伯祖父砍倒的大樹根冥想。要是確實厭倦了，他就脫掉衣服，跳到庭前的水池子裡，在清冽的水中像小魚一樣游泳。

在空閒的時間，他曾經去探望了初戀情人。晚餐的時候，他坐在瑪麗·安的身邊。再次見到瑪麗·安，他依然激動得一句話也說不出來。

他後來提到這段經歷時說：「我坐在一位婦人身邊。我少年時期曾經極其強烈地愛慕她。少年們的感情通常都是這樣，而成年人的感情就不會如此強烈了。赴宴之前，我就料到了這一切，但是我下定決心，要鼓起勇氣，說話要沉著鎮靜。然而，事實上我已經忘記了自己的勇氣，也忘記了自己應表現出的冷漠。在笑的時候，我竟然不敢張嘴，更不要說開口說話了。」

「這位夫人幾乎和我一樣蠢。這樣一來，我們兩人成了大家注意的目標了。要是我們倆都從容鎮定，漫不經心，是不會引起大家注意的。你會把這一切全看成是胡謅。我們多蠢啊！我們像小孩子似的，吵著要一件玩具，等這件玩具到手後，不把它砸開不肯罷休。當然，孩子們還可以把它拋進火裡燒成灰燼，而我們呢，卻不能把它置之不理。」

瑪麗·安也只暗暗看了一下拜倫，已經驚訝得說不出話來。因為此時的拜倫已經變成了一位美麗的青年。拜倫懷揣著石頭一

樣沉重的心情回到家中。他寫了一首短詩，懷念初戀的情人，靠
它來醫治悲痛的情緒。

哎，妳幸福了，我想，
我自己也因此感到幸福；
因為我的心仍像過去那樣，
熱切地惦掛著妳的幸福。
妳的丈夫真有福氣，
幸運得讓我心頭酸楚。
但讓這一切都過去吧！
他不愛妳我才憤怒。
看到妳心愛的孩子，
嫉妒幾乎撕碎了我的心。
但天真的嬰兒微笑時，
為了他母親，我給他一吻。
吻他時我抑制住嘆息，
他臉上可以看到他父親的印記。
但他有酷似母親的眼睛，
也是那樣令我欣喜。
瑪麗再見，我要離去。
妳生活美滿我毫無怨意，
但我不能生活在妳身邊，
否則我的心將會依然屬於妳。
我相信時間和自尊心，
最終會泯滅童年的情戀，
但我希望埋藏在心底，

成為文藝青年

但願再次坐到妳身邊。
妳雖然鎮靜但心裡明白，
妳的目光可震撼我身心。
但顫抖現在不是罪過，
我們相逢沒有驚動任何人。
妳緊緊盯住我的臉，
卻未能發現任何祕密。
妳所覺察的唯一跡象，
是我因為絕望而平靜得出奇。
別了，我的夢，
往事何必耿耿於懷。
神話中的「忘川」究竟在何方？
固執的心會破碎還是平靜？

用「文藝青年」形容拜倫一點也不為過，他是充滿愛心卻又多愁善感的人。

他有一隻心愛的忠實的狗，名叫波茲溫。這隻狗不幸感染了狂犬病，他自始至終陪伴在波茲溫身邊照顧牠。這的確也是只聽話的好狗，雖然牠得了狂犬病，可是牠只咬自己，沒有咬別人。

在這條可愛的小生命離開時，拜倫特地親自給這隻狗寫了墓誌銘：

如此地靠近 ──
埋葬著牠的遺骨。
牠美麗而不虛榮，
強健而不傲慢，
勇敢而不殘忍。

牠具有人類全部的德行，沒有染上人類的邪惡。

如果這墓誌銘是獻給人類的屍骨，

那麼，這些讚語就會成為毫無意義的奉承，

然而，用這些頌詞來紀念波茲溫 ——

一隻狗，卻是恰如其分，

牠生於 1803 年 5 月，紐芬蘭，

死於 1808 年 11 月 18 日，紐斯臺德修道院。

1809 年 1 月 22 日。在紐斯臺德家中，拜倫召集從前全部的僕人，在庭前烤了一頭牛來犒賞他們，晚上他還召開舞會宴請周圍村莊的人。

那天，拜倫在倫敦，為了慶祝自己成年的生日，打破平生吃素的慣例，吃了一個蛋和一點鹹肉，喝了一瓶啤酒。

3 月 13 日他到上議院，行宣誓禮後占有了議席。這時候，照慣例應該由親近的貴族同道，將他介紹給別的議員。這是屬於貴族家族的榮耀和使命。可是他的表兄卡萊爾勛爵竟沒有來。

孤獨的拜倫只好由朋友達拉斯陪同，到了議院形單影隻地宣了誓。那一天出席的議員也實在少得可憐。在議長面前宣誓完了的時候，議長艾爾登從議長席走下來，張開雙手迎接拜倫。但是拜倫只冷淡地用指頭輕輕地碰一下他而沒有跟他握手。艾爾登伯爵非常不高興地回到座位，他覺得眼前這個年輕人傲慢而且不可一世的樣子很討厭。

拜倫漠不關心地坐到空著的反對黨席位上，沒過一下就急急忙忙地走了。這就是他議院生活的第一天。從會場出來，他走到在另一間屋子裡等著他的達拉斯面前說：

成為文藝青年

「要是我認真握了他的手，他會把我拉進政黨裡去的。討厭！我什麼政黨也不參加。」

「好！議席的事情是辦完了，此後要到外國去。」達拉斯說。

兩個星期後，《英格蘭詩人與蘇格蘭評論家》發表。這篇極具諷刺效果的諷刺詩獲得了極大的成功。每一行詩之間都涇渭分明，語言犀利。這本詩集雖然沒有署名，但是熟悉文學，特別是熟悉詩壇的文人墨客們都能一下子看出來，這本書的作者是拜倫。

他們那群人中，有的對這本詩集讚賞有加，有的對這本詩集破口大罵。在這首詩裡，拜倫不僅猛烈反擊了《愛丁堡評論》對他的譏嘲，還尖銳批判了當時稱霸英國詩壇的湖畔派浪漫詩人，並大膽揭露了支持各種反動勢力的英國統治當局。拜倫以這首諷刺詩而在英國詩壇初露鋒芒，獲得聲譽。

唱吟「骷髏詩」

　　向著東方出發，這是拜倫一直以來的夢想。他對骯髒的政治不感興趣。他需要出發，去東方旅遊。目前擺在拜倫面前的是一個非常難以解決的問題，那就是錢。如果要旅遊，沒有錢是萬萬不行的。可是他現在已經債臺高築了。

　　以拜倫的花錢方式，他想要達到目的地最少也要花 4,000 英鎊。但是目前他已經有不得不償還的 12,000 英鎊的外債了，還要再弄 4,000 英鎊到手，這幾乎是無法完成的任務。

　　除非他賣掉所有的房屋，或者是和一個家境富裕的女人結婚。後一個辦法是拜倫的母親所希望，而拜倫卻對此不屑一顧。他不想自己和父親一樣，為了錢娶一個自己不喜歡的女人，再造就一個「惡魔」一樣的母親。那是他不願意看到的事情。拜倫更傾向於賣房子的方法，但是拜倫的母親卻極力反對。

　　拜倫的母親說：「除非煤礦能變成金礦，要不然，你就應該用過去人們常用的方法來挽救財產，那就是娶一位有二三十萬英鎊身家的女人。今年春天，你必須要這樣做，娶位有錢女人，什麼戀愛婚姻都是胡扯……」

　　拜倫說：「如果我娶了個金娃娃，或者如果我一槍打穿自己的腦袋，那一切都了結了。這兩種挽救的方法其實都差不多，用哪種方法都無關緊要。」拜倫又一次和母親談崩了。這次母親也管不了他那麼多了。

唱吟「骷髏詩」

　　他原來剛住進紐斯臺德的時候就下決心堅決不賣它，現在他想賣掉另一處繼承來的房產——羅岱爾，於是他叫律師韓生去辦理。但是韓生辦事遲緩是有名的。或許韓生也是擔心賣掉羅岱爾會引發拜倫和母親激戰。所以他一邊答應著，一邊拖著不辦。拜倫催促很多次，依然沒有動靜。拜倫想，或許旅遊的夢想會就此破滅了。

　　正在他一籌莫展的時候，救星出現了。他劍橋時代的好友戴維斯突然送了錢來，借給他所需要的數目——那是戴維斯賭贏的錢。

　　戴維斯在大學畢業後到倫敦去，和以前一樣，經常出沒於各個賭場之間。他有時候贏，有時候也會輸。這一次他運氣好，賭錢賭得直至深夜才回到住處，他把幾千英鎊紙幣塞進床下的尿壺裡，倒頭便睡著了。

　　1809 年 5 月，出國前一月，拜倫把朋友們請到紐斯臺德來，大擺告別宴會。宴會持續了好幾天。前來赴宴的是輕鬆愉快的馬修斯、常識家霍布豪斯和其他兩個人。

　　他們在門口左右拴著狗和一隻熊。進得門來，大廳裡面，5個人在練習手槍射擊。如果沒有事先得到主人允許擅自進入大門的話，是非常危險的，因為即使你能躲過狗或者熊的襲擊，還會面臨 5 個年輕人手槍射擊。

　　每天快中午時，他們才起床。吃過早餐，他們進行下列遊戲：手槍射擊、劍術、划船、游泳、騎馬，和熊玩耍以及讀書。

　　晚間 19 時的時候他們開始吃晚餐。吃完飯，他們輪流用「骷

髏酒杯」喝酒。這個「骷髏酒杯」不是假的，那是他的工人在花園耕地時挖出來的，可能是從前僧侶的頭蓋骨。僧侶的屍骨已經被園丁用鏟子敲得粉碎，只有這個頭蓋骨保留了下來。

拜倫高興地把它送到鄰近的珠寶店去，把它打磨光滑，然後又配了個底座，當作酒杯。這是喜歡貼近死亡的另類的愛好，一般人也無法理解。他喜歡和骷髏一起暢飲美酒。甚至他還為這個骷髏酒杯作了一首短詩〈骷髏酒杯吟〉，他用這個骷髏的口吻唱道：

> 我活過，愛過，痛飲過，和你一樣；
> 到頭來是死了，把骸骨交給土壤；
> 把我斟滿吧 —— 這對我毫無損傷：
> 地下蠕蟲的嘴唇比你的更骯髒。
> 盛裝這閃閃發光的葡萄酒漿，
> 可比餵養一窩黏糊糊的蚯蚓要強；
> 以酒杯的形狀，盛裝這神仙的飲料，
> 也比盛裝地下爬蟲的食物更為舒暢。

酒過三巡，他們這些另類的人都披上中世紀僧侶的黑袍，開始舉行神祕的宗教儀式。拜倫被他們稱為「骷髏方丈」，拿起十字權杖主持一切。

一切儀式過後，他們會讓從近鄰招來的年輕美麗的姑娘跟他們一起盡情歡樂。表面上的拜倫放蕩不羈，他和他的伯祖父一樣被人稱作「殘酷老爺」。可是在他近乎冷酷的偽裝之下，暴露的是他的脆弱而敏感的詩人的心。他還是深深地思念著瑪麗・安。或許離開她，對於他來說是最好的選擇。

唱吟「骷髏詩」

在瑪麗・安問他為什麼要出國旅行的時候，他寫下幾行詩：

一切都結束了 —— 三角帆船舒展

她雪白的帆，在海風中抖顫，

陣陣清爽的風吹過水波渺茫，

高高地在張帆的桅杆上面作響，

而我，我必須從這塊土地上動身，

因為我只能愛，只能愛一個人。

沒有人知道拜倫這首詩所表達的情感是不是真實的，他的出走是因為不能忍受與她咫尺天涯的痛苦嗎？有人看到他在和朋友們一起吃飯時放聲大笑的狂放，似乎已經忘記了曾經的愛人瑪麗・安給他帶來的傷痛。

但是不能否認的是，他確實經歷了一場刻骨銘心的難忘的初戀。這些充滿悲傷的回憶一直深深地印在拜倫的腦海裡。在這樣悲情的影響下，拜倫開始編織出很多美好的夢想。這些不愉快的經歷，就成為編織這些夢想的原動力。

第一次出國旅行

1809 年 6 月 26 日，拜倫和朋友霍布豪斯一起登上了去里斯本的旅途。這一次，拜倫又帶了一大群隨從。霍布豪斯只是帶了些筆墨和書籍。拜倫是要記錄這一路的見聞。

拜倫在船上又寫下了這樣的詩句：

行行去故國，
瀾遠蒼波來。
鳴湍激夕風，
沙鷗聲淒其。
落日照遠海，
遊子行隨之。
須臾與爾別，
故國從此辭！
日出幾剎那，
明日瞬息間。
海天一清嘯，
舊鄉長棄捐。
吾家已荒涼，
爐灶無餘煙，
牆壁生蒿藜，
犬吠空門邊。

第一次出國旅行

　　這首詩後來被收錄在《恰爾德‧哈羅爾德遊記》裡。這也是這次旅行給拜倫帶來的一次不小的收穫。拜倫隨後還給母親寫了一封告別信：

> 我一切稱心如意。我將離開英國而無後悔之意。除了希望再來看看你和你目前的住宅外，我毫無重遊英國任何地方的願望。
> 請相信我吧，你的忠誠的⋯⋯

　　這是一次充滿考驗的旅程，霍布豪斯是激進分子俱樂部的主席，他對牧師的暴政支配一切的政治制度非常不滿。拜倫比霍布豪斯更積極地反對他們。他更想大聲疾呼，他在去塞維利亞的公路上看到到處都是十字架，這裡的每一座十字架都代表著一宗命案。他看到了被押解到塞維利亞的囚徒，他們是要被絞死的。

　　拜倫這一路看到那些人的生生死死，讓他覺得心都跟著顫抖，他無法接受這樣殘忍的屠殺。這給他心靈的折磨，使他難以忘記。此時，歐洲大陸正戰火連綿不斷。法國皇帝拿破崙正控制整個歐洲，發布了大陸封鎖令，禁止和英國通商。

　　不過，好在 4 年前，在特拉法爾加角的海戰中，納爾遜消滅了法國艦隊，法國將海權全部歸還英國，英國人旅行海上都自由自在不受拘束。而且，威靈頓帶兵登上伊比利半島，把在葡萄牙、西班牙的法軍通通打敗了。

　　拜倫所想去的里斯本，英國人完全可以自由登陸，他想從陸路旅行的西班牙南半部也是安全的。他真的很感謝威靈頓公爵，要不是他，自己的旅行很難想像會怎麼進行下去。

　　在這個充滿了危險和刺激的旅途之中，多愁善感的青年詩人

拜倫，旅行到地中海各地，他想要漫遊遙遠的土耳其和小亞細亞。此時此刻，他心中的歡快和豪情壯志讓人難以想像。一種英雄時代的亢奮，刺激著拜倫的浪漫的一面。

他對異國的風土人情十分欣賞，他在寫給霍積生的信提過：

> 我很喜歡這裡，因為我愛吃此地的橘子，還可以講不合文法的拉丁話，而且 —— 我還參加他們的社交活動。
> 我騎的不是驢子就是騾子，用葡萄牙語發誓，而且被蚊子咬了好幾個疙瘩！

兩週左右過後，他們很快又對葡萄牙厭倦了。於是，他們決定騎馬到西班牙的雪維和加第士去。等僕人和行李都用船運往直布羅陀後，他們才上路。他們聽說西班牙境內有戰爭在進行，更覺得這次旅行非常刺激。

抵達雪維革命軍的總部所在地後，他們竟然找不到一處住的地方，無奈之下只好和兩個還沒有結婚的女人擠在一張小床上過夜。霍布豪斯不停地抱怨，可是拜倫卻覺得很有趣。他在寫給母親的信中說：

> 這兩個女人當中一個年紀比較大的，在分手時，緊緊地抱著我，並且剪下我和她的頭髮。我把她的頭髮寄給你，請你替我保管到我回來為止。她還說願意分給我一個房間居住，但是我的原則使我婉拒了她。

在西班牙的經歷讓他在後來寫《唐璜》的時候，把唐璜構思成為西班牙的貴族。因為西班牙的熱血男兒讓拜倫傾倒不已，把唐璜寫成西班牙貴族更能襯托出他的與眾不同。

第一次出國旅行

在西班牙，他被壯麗雄偉的鬥牛場所吸引。一場鬥牛由 3 個鬥牛士出場，他們要鬥 6 頭公牛，每人兩個回合。所有的鬥牛表演都安排在下午舉行。另外，鬥牛時必須陽光普照，鑑於西班牙多數地方的溫帶大陸性氣候，部分地區是地中海式氣候條件，所以只能在每年的 3 月至 11 月之間進行。

這幾位鬥牛士各有一套助手團隊，包括 3 個花鏢手和兩個騎馬的長矛手。觀眾對每場決戰都很難預料其結果，因為它取決於諸多因素，如鬥牛士的膽略和技巧，也取決於出場的公牛。一些由著名牧場培養的兇猛公牛直接威脅著鬥牛士的勝利，甚至生命。

其實對於鬥牛而言，牛和鬥牛士同樣重要，因為它的受訓練程度和兇猛性關係到鬥牛士的吉凶。在歷史上再出名的鬥牛士都不免戰死沙場，最後被牛挑死的命運。充滿仁愛之心的拜倫對這種殘忍的鬥牛表演產生反感，特別是看到牛被刺死前那種掙扎跳躍的情形。

他在信中對霍積生說：

加第士這個城市，我相信是全歐洲最美最乾淨的了！比較起來，倫敦真髒。在離開加第士時，還和一位西班牙海軍上將的女兒有過一面之緣。

他寫了一首〈加第士的女孩〉的詩，來紀念這件事。

英國少女難追得，
追到才知太呆板，
縱有花容與月貌，

嘴兒不甜太沒趣。

唯有西班牙小妞，

既是多情又漂亮。

然而，拜倫又私下向人表示：「西班牙的少女真是迷人，不過她們只想一件事……」

他們沒有在西班牙停留太久就去了直布羅陀海峽，因為他們的僕人已經託運好行李等著他們一起從那裡去馬耳他。在船上霍布豪斯深得旅客們的歡心，晚飯過後，他一邊喝酒一邊講一些奇聞趣事給遊客們聽。

拜倫和他相比，交際能力就差了很多。他因為自己的跛腳還是很自卑。他害怕人們看他時，眼睛裡不經意流露出的鄙夷或者同情的神色。他每次吃飯總是吃得很少，他總是第一個離開餐桌。他寧願一個人和星光月光作伴，也不願意接受別人的憐憫。

他在船的甲板上看著船在乘風破浪前進，似乎覺得每一個浪花翻過，他就離開恥辱更遠一點。雖然他仍在苦想這些年來他所經歷的挫折，但他並沒有因為那些挫折而鬱鬱寡歡，相反，他似乎是像一個局外人那樣審視著、思考著。這些就是詩人內心深處靈感迸發出的火焰。

他們去了馬耳他，在這裡拜倫和一位僧侶學習了阿拉伯語，他還由斯賓塞·史密斯夫人傳授了「柏拉圖式」的愛情。然後他們去了阿爾巴尼亞這個荒涼的國家。在阿爾巴尼亞，拜倫喜歡上了這裡的武士，因為他覺得他們既忠誠又樸實。從這裡，他獲得了靈感，開始創作他的《恰爾德·布倫》。在寫完第一章之後，他將名字改成了《恰爾德·哈羅爾德遊記》。

第一次出國旅行

　　當時的阿爾巴尼亞幾乎是一個不被外人知曉的國家。那裡的男人穿著齊膝的裙子，和蘇格蘭人差不多。在這裡拜倫受到了當地豪紳的邀請，他們到那裡參加宴會。

　　宴會上他們看到了穿著緊身繡花衣服的阿爾巴尼亞人，還看到了頭戴高帽的韃靼人。那些當地的貴族手下還有不少黑奴和馬匹，他們似乎尚未文明開化，他們甚至敢肆無忌憚地烤人肉吃。

　　這些離奇的經歷讓拜倫大開眼界，也為他創作《恰爾德·哈羅爾德遊記》提供了不少素材，很多蠻夷的士兵、武士被他塑造成英雄。

　　他們因為天氣原因沒有辦法直接坐船到希臘，在一番陸路奔波之後，終於在 11 月 20 日抵達希臘的麥索隆基。這是個「貌不驚人」的城市，拜倫僱用了一個會說當地語言的希臘人安得力，然後渡過哥林斯海灣，經過了種滿橄欖樹的山谷到了卡斯屈。雖然當時仍有一些古希臘神廟和劇場尚未被挖掘出來，但是，他們看到了卡士底里安泉，在古希臘體育場的舊址看到了巴拿及亞修道院，還在入口的圓柱上了刻上了自己的姓名。

　　聖誕節傍晚，拜倫等一行人穿過了橄欖樹叢，到了他夢寐以求、渴想一見的雅典。但是，當地並沒有旅館或歇腳的地方，所以他們只好借住在一位希臘駐英領事的遺孀家，人們叫她西亞·麥可莉太太。

　　當時的雅典有 10,000 名左右的土耳其人，希臘人和阿爾巴尼亞人則混居在有 10,000 多棟的房屋裡，這是四面以圍牆圍住的城市。拜倫到了雅典，第一個願望是想探訪雅典的古蹟。嚮導

說，雅典只不過是個大村莊。土耳其的軍隊盤踞在阿克羅波里斯山丘上，這裡是一片被征服的土地。他們受到了土耳其軍官的熱烈歡迎。在軍官的陪同下，他們花了 3 週左右的時間，把雅典周圍的古蹟遊覽一遍。

拜倫 22 歲生日的那天，終於看到了帕德嫩神廟的偉大景觀：那聳立在懸崖峭壁上的神廟，下面就是蔚藍的海水以及碧綠的草原。

他下一個目標是要去看西元前 490 年雅典人擊敗入侵的波斯人的古戰場，那裡就是馬拉松平原。拜倫也作了詩來紀念。

拜倫對當時的希臘人印象極佳，在麥可莉太太家也常常有舞會交際的機會。麥可莉太太的 3 個美麗女兒中，拜倫尤其喜愛麥可莉太太的小女兒泰莉莎。他對她的感情，使他能夠從史班賽的愛情中稍微獲得喘息的機會，他說：「史班賽夫人迷符已解除，不再吸引我了！」

儘管拜倫喜歡希臘的一切，但他沒有忘記要去波斯和印度的決定。

正巧有一艘英國船要去那裡，拜倫就抓住這機會，和霍布豪斯整裝待發。也許他還有點捨不得離開那位可愛的希臘少女吧，所以在離開之前，還寫了一首詩：

在我們分別前，
把我的心，把我的心交還。
或者，既然它已經和我脫離，
留著它吧，把其餘的也拿去！

第一次出國旅行

請聽一句我臨別前的誓語：
妳是我的生命，我愛妳。
我要憑那無拘無束的鬢髮，
每陣愛琴海的風都追逐著它；
我要憑那墨玉鑲邊的眼睛，
睫毛直吻著妳頰上的嫣紅；
我要憑那野鹿似的眼睛誓語：
妳是我的生命，我愛妳。
還有我久欲一嘗的紅唇，
還有那輕盈緊束的腰身；
我要憑這些定情的鮮花，
它們勝過一切言語的表達；
我要說，憑愛情的一串悲喜
妳是我的生命，我愛妳。
雅典的少女啊，我們分了手；
想著我吧，當妳孤獨的時候。
雖然我向著伊斯坦堡飛奔，
雅典卻抓住我的心和靈魂：
我能夠不愛妳嗎？不會的，
妳是我的生命，我愛妳。

在《恰爾德‧哈羅爾德遊記》一書中，他寫著：

雅典 —— 除了這個名字具有魅力外，凡是喜歡藝術和自然的
人，都會尊崇這個地方。這裡的氣候，至少對我來說代表著永恆
的春天。雨很少，雪也不曾覆蓋過平原，偶爾的陰沉天氣還很令
人滿意。

當然，拜倫所謂的「氣候」，自然不僅指天氣而已，也包括了人民、土地、風俗等。事實上，這也是指當地人的一些生活方式。而且，只有在當地生活過一段時期的人，才能了解他所謂的「氣候」是怎樣一回事。對於來自寒冷以及濃霧密布的英倫的他來說，晴朗、陽光普照、綠意盎然的希臘，可說是古典的東方風土人情的一種象徵。

他曾說過：

> 如果我是一個詩人，希臘的空氣就是使我成為詩人的原因⋯⋯

拜倫和霍布豪斯一行很快到了波斯古老城市士每那，他們暫住在當地英國領事的家中，等待去君士坦丁堡的機會。此時的拜倫似乎對前途感到徬徨，他寫信給母親說：「我越走越遠，就越來越懶，每天都昏昏沉沉的！」

其實拜倫之所以如此，一方面是因為他終日回想著過去的事；另一方面是因為君士坦丁堡的氣候，那裡要比英國炎熱許多，這讓他們並不太適應那裡乾燥炎熱的環境。

事實上他並未像他信中所描述的那麼懶散，因為，他一直在寫《恰爾德‧哈羅爾德遊記》。

1811 年 5 月 13 日的下午 14 時，他們從煙霧中看到到處都是伊斯蘭教禮拜寺的尖塔和柏樹的君士坦丁堡。第二天中午，他們登岸並經過蘇丹王的宮牆。他們還在牆外看到兩隻狗在噬咬一具死屍。然後，他們到英國駐君士坦丁堡大使羅勃‧艾迪耳家去。

拜倫對土耳其沒有多大好感，他極端厭惡土耳其人的草菅人命和獨裁的政治統治；而且，比較起來在希臘時他們還能與當地

第一次出國旅行

人來往，可是，在土耳其卻沒有一點機會。

雖然土耳其的蘇丹王也邀請他們去參加王宮的宴會，但拜倫覺得似乎並沒有像在阿里‧巴夏的王宮那樣受到重視。不過，據當時另一位英國人說：「蘇丹王對這位英俊的英國貴族，似乎有極大的興趣！」

1811 年的春天，由於種種因素，拜倫不得不考慮回英國，他的健康情況也是其中的一個重要理由。

1811 年 7 月 14 日，是他離開英國兩年後的第 12 天，他再度回到了英國土地。當初他離開英國，曾假設自己成為一個世界公民後的種種情況，而這次的旅行，不但證實了他的想法，並且也幫助他觀察到「這個又擠又小的島嶼的英國」的人們的偏見和執著。這是運用他「對其他國人的生活方式和經歷的認識」來下斷言的。

母親去世的打擊

拜倫回到英國後，不想回紐斯臺德去。因為他的母親住在那裡，他不急於去見她。他要做的第一件事是和好朋友暢談這兩年來的旅途見聞。

他先請知心朋友達拉斯來。兩年不見的達拉斯先問他：「旅行中寫了些什麼？」

「哦，沒有寫什麼，只是把賀拉斯的作詩法意譯出來了。」

說著，他把在雅典寫的《賀拉斯的啟示》拿出來。達拉斯拿回去讀過以後，大失所望。他想：「兩年旅遊的收穫就只這麼一點嗎？」但是，對著敏感的拜倫，他不敢坦率地這麼講，他在猶豫著該怎麼問拜倫。

第二天到拜倫的旅捨去的時候，他先對昨天所讀的譯作大加讚賞，然後假裝很隨便似的問：「另外沒有什麼了嗎？」

「哦，有三四個短篇。另外還有些不能見人的東西，是歌詠這次旅行的。」拜倫說。

拜倫很害羞似的把《恰爾德·哈羅爾德遊記》遞給他，並且說：「我寫諷刺詩是順手的，可是這類浪漫詩卻是另一回事。」

這一天，達拉斯帶著他的《恰爾德·哈羅爾德遊記》回自己的家去。他打開原稿來讀著：

從前，在艾爾賓島上有一位青年，
一切正經的事情他都不喜歡；

母親去世的打擊

每天只知沉湎於荒唐的酒宴，

在歡笑喧鬧中打發長夜漫漫。

他名叫恰爾德·哈羅爾，

身世與門第自不必贅言。

榮耀四里，嘉譽廣傳。

不管先人何等尊貴，

一人紈絝足以喪盡體面……

達拉斯讀了這些遊記之後，覺得自己的靈魂都被吸引到紙上去了。他早已踏遍「罪惡」的漫長的迷宮，卻從來不懺悔自己有罪的行動。達拉斯回想起和拜倫一同度過的劍橋大學的日子來了。一氣讀完這首長詩的第一章和第二章，達拉斯立刻拿起筆來，把他的感想告訴拜倫：

你寫下了世間最出色的名篇。我從未接觸過這麼有興趣的詩。

可是，當下次見面的時候，拜倫卻用輕蔑的口氣說：「那種東西算不得詩啊！」

他真是這麼想的。他對自己的作品沒有正確的判斷力。幸而他有著像達拉斯那樣富有鑑賞力的朋友，才能使《恰爾德·哈羅爾德遊記》這個名篇得見天日。

他逗留在倫敦，不回紐斯臺德。母親在古堡中焦急地等著他。迷信的她，當他出國旅行的時候，便認為自己再也不能見到他了。現在他回到了倫敦，卻不肯回家來。

她的預感是準確的。因為她和家具商人討價還價過程中大發脾氣，隨後，腦出血突然發作，再也沒有醒過來。

消息傳到倫敦，拜倫才忽然發現自己心底里還是很愛那個粗野的母親的。可是他竟然沒有見到她最後一面。這讓拜倫深深地感到後悔，他後悔沒有早點回家探望母親。雖然母親是個喜怒無常的女人，但是她卻為了自己付出了一切。年少時的輕狂深深地傷害了她，可惜現在想道歉也不可能了。

他趕忙回去，撫著母親的屍體，放聲大哭。第二天的葬禮，他只站在大門口送葬，怎麼也不想跟隨母親的靈柩到墓地去。他覺得自己不配去母親的墓地送葬，因為自己是個不孝的兒子。

拜倫在整理母親的遺物時，發現母親收集了許多有關批評他詩集的資料和詩集出版的廣告，在這些資料旁邊還有母親所作的評論。從這些資料中可以證明她當時必定為兒子的成就感到非常驕傲。

拜倫這時候才知道他所失去的母親，是那麼偉大的女人，她嚴苛、冷酷、喜怒無常，但是她確是這個世界上最愛自己的女人。儘管母親幾乎沒有表達過自己的愛，但是在那些她收集的拜倫的詩和出版的廣告中，拜倫看到了母親對自己深沉的愛。

拜倫把小廝波普叫來，套上鬥拳的手套，兩人開始激烈的拳鬥。只有兇猛的撲打，才能暫時讓他忘卻心頭的悲傷。因為母親意外辭世給拜倫確實造成了很嚴重的打擊，只有把悲傷用拳頭發洩出來，才能讓自己好過一些。

可是屋漏偏逢連夜雨，剛剛從母親去世的悲傷走出來的拜倫很快又接到了劍橋時代的好友馬修斯的死訊。而且馬修斯是很慘地被溺死的。

母親去世的打擊

拜倫失去了母親，又失去了好友。這讓他的生活一片黯淡。

1811 年 8 月 10 日，他寫信給霍布豪斯說：「我失去了生我到世上來的母親，又失去了為我祝福的朋友。我並沒有死後的希望和恐懼。但是，如果我們的內心有所謂『天國的火花』，那麼，馬修斯豈不是與神同在了嗎？」

又在 8 月 22 日寫信給霍積生說：

因為這兩次打擊緊緊相連地打在我頭上，我現在還有些憯憯然。
我雖然照舊吃、喝、說、笑，但是自己很難弄清這是不是做夢。
日前戴維斯來看我，大家打趣笑談。不過我們的笑是空虛的。
請寫信來。我很寂寞。

這是他 23 歲那年夏天的遭遇。

拜倫此時已經成為寂寥孤獨的人，他每天都呻吟在人生的重荷之下。23 歲的青年，卻像 70 歲的老人一樣，每天渾渾噩噩地過日子。生活似乎都失去了希望。

他失去了母親，失去了好朋友，失去了這本來屬於他的幸福的日子。他懊惱不已，因為他們從來沒有讓他覺得是值得珍惜的人。直至徹底失去他們，他才那麼追悔莫及。

他一個人和狗、刺蝟、烏龜一起住著，周圍沒有朋友沒有親人，他孤苦伶仃地熬著，敏感而又多情的拜倫在這樣雙重打擊之下每天過得很悲苦。生和死這樣的話題一直在他腦海中縈繞，他似乎覺得人生真的很迷茫。

他沒有繼續寫詩，唯一的工作就是給《恰爾德·哈羅爾德遊記》加註釋。他開始收集一些關於這首詩的資料，因為他覺得這

首詩的許多章節是記錄宗教的。

　　他覺得那些宗教都是有弱點的，宗教會讓人變得軟弱、墮落，有的人甚至會誤入歧途。

　　失去了母親和好朋友的他似乎缺乏了年輕人的鬥志。他不知道未來等待他的將會是什麼樣的結局。

一次憤怒的演說

　　拜倫在處理好母親的喪事之後消沉了一段時間。他作為上議院的議員不時地參加一下上議院的議會。此時英國正處於一個新時期的變革過程中。

　　英國爆發了工人破壞機器的「盧德運動」。1812 年春，英國國會制定《編織機法案》，規定凡破壞機器者一律處死。工人們認為是機器讓他們失去了生活的來源。他們原來都是手工作坊的勞動者。因為工業革命的影響，先進的機器設備逐漸取代了人力，進行一些生產活動。

　　工人們仇恨先進的機器，他們千方百計地搗毀它，好讓自己能重新發揮價值。這樣的行動讓統治者很不滿，他們決定製定法案來解決工人們搗毀機器的問題。

　　拜倫本來在議會上幾乎不發言的，他喜歡當看客。但是這一次，他再也坐不住了。因為他不僅僅是同情慘遭鎮壓的工人們，另外還有一點，就是鎮壓工人運動的領導者傑克·馬斯特斯是他喜歡的瑪麗·安的丈夫。

　　傑克·馬斯特斯對有漂亮媳婦的農戶非常友善，但是對可憐的紡織工人卻很冷血，他在鎮壓紡織工人運動過程中殘害了不少人。拜倫在母親不知不覺地影響下已經變成非常進步的輝格黨成員。他用異常激動的語調在議會上進行了一番演說：

人們動輒被定罪，動機是最明顯不過的：貧窮就是死罪。你們的
補救方法是什麼？這些騷動必須以死亡告終……你們法令中的死
刑還不夠多嗎？這些不畏你們刺刀的，忍飢挨餓的不幸的人會被
絞刑架嚇倒嗎？

這次成功的演說轟動了全場，大家都開始注意起這位平時很
少說話的年輕議員。輝格黨也開始注意這位年輕的貴族爵士了。
荷蘭德府的大門向他敞開了，在這裡他可以成為社交界的焦點。

一個好的出版商約翰・墨瑞同意出版拜倫的《恰爾德・哈羅爾
德遊記》。墨瑞在出版之前，先把這本書的名氣在倫敦播散。他
印了詩中的名句分發給各界人士，又把活字版的全文送給重要的
評論家，請他們評論。這時候，拜倫最幸運的是，兩個知名詩人
成了他的好朋友，一個是托馬斯・穆爾，一個是塞繆爾・羅傑斯。

穆爾是和拜倫同一類型的諷刺詩人。像冤家一樣，他們是有
過矛盾的。以前，拜倫在《英格蘭詩人和蘇格蘭評論家》中曾經
攻擊過他，他也想要和拜倫一決高下，下了挑戰書。但那時拜倫
已經登上東方的旅途，這封信兩年來留在霍積生手上。

後來穆爾和一個美麗的女子結了婚，不再想挑戰的時候，拜
倫才從東方旅行回來。穆爾問起霍積生信的事情，才知道挑戰信
沒有送到拜倫手上，這樣，兩人便和解了。為了和解，穆爾在朋
友羅傑斯家裡招待拜倫。

羅傑斯是倫敦大銀行家的兒子，子承父業，他也和父親一樣
從事銀行事業。27 歲的時候他出版了詩集，便被人們稱為「銀行
家詩人」。因為本來是大財團的有錢人，所以他常以豪奢的佳餚

一次憤怒的演說

盛宴款待朋友,成為倫敦社交界的名人。

那天晚上的宴會,除了穆爾之外,羅傑斯還請了一位詩人坎貝爾作陪,並且準備了精美的肴饌。坐下的時候,湯來了。

主人看見拜倫一點也不喝,便問:「不喝湯嗎?」

「是的,我不喝。」

「魚呢?」

「不吃魚。」

「羊肉呢?」

「一切肉類都不吃。」

「葡萄酒呢?」

「一點也不喝。」

羅傑斯完全呆住了,他沒想到拜倫是素食主義者。

「那麼,您吃些什麼呢?」羅傑斯冒著汗問。

「餅乾和蘇打水。」拜倫平靜地回答。

羅傑斯慌張起來,因為家裡恰恰沒有餅乾和蘇打水。羅傑斯有點束手無策了。拜倫自己切碎了幾個馬鈴薯,加上點醋,吃下了一些。

拜倫和他們兩人成了至交好友,他和穆爾的友誼更是一天天加深。穆爾是都柏林食品商的兒子,生來有著文藝天分,是都柏林社交界不可缺少的人物。後來到了倫敦,也由於他那活潑的個性和頗懂人情世故的態度而被朋友們深深喜愛。拜倫也很樂於和這位平易近人的平民詩人交往。

他和穆爾的友情終生不變。現今留存的拜倫傳記中最詳細的一部,就是穆爾所寫的。

與詩壇名人過招

　　拜倫在詩壇上的朋友不止雪萊一位,他和文豪華特‧司各特的「忘年交」也是很值得我們從中體會的。

　　司各特於 1771 年出生在愛丁堡,比拜倫大 17 歲。他父親是一位律師,母親安妮‧拉瑟福德是一位醫生的女兒,受過良好的教育。她給司各特帶來了不少創作靈感,對他以後走上文學創作道路影響至深。

　　司各特小時候不幸患上了小兒麻痺症,導致終身腿殘,給他的生活帶來了諸多不便。但也許正是因為這個緣故,他把絕大部分精力都投入到了文學的閱讀和創作之中。

　　1786 年 3 月,他跟隨父親進入律師界。1788 年,他因病中斷大學教育,一年後復學,聆聽了許多法律方面的講座。因此他對蘇格蘭從封建社會發展到現代社會的歷史有了較為透徹的了解,這對他的小說創作產生了一定積極作用。

　　司各特同其他學生一樣,參加了許多文學和哲學協會,討論人們普遍關心的社會、歷史、文學、政治、哲學等問題。

　　1792 年,他終於不辜負父親的期望,當上了律師,然而,他對此並不怎麼感興趣。他後來說,要不是身體殘疾,他會去從軍。

　　他曾花費很多時間遊遍蘇格蘭各地,特別是蘇格蘭與英格蘭的交界處以及蘇格蘭高地,廣泛了解蘇格蘭的過去、現在以及風土人情,採集了大量民謠。

對他走上文學創作道路有過重大影響的還有他的舅舅拉瑟福德，司各特透過他結識了不少博學多才的人。1805年，他34歲，發表了《最末一個行吟詩人之歌》，使他一下子成為英國第一流的詩人。

他的作品有明澈的氣息和寬宏大量的感情，深受人們的喜愛。當他被推舉為桂冠詩人的時候，他把這一榮譽稱號和薪俸讓給友人騷塞，自己一生都沒有接受。

1805年以後的10年間，他的詩篇聲價更高，收入也大增，他便在山中建起一座宏偉的房屋，叫做「阿坡浮德的家」，專心於寫作，又和世界的文人墨客交流。

司各特為人正直，他的一個朋友看見他的生活很困難，就幫他辦了一家出版印刷公司，可是他不善於經營，不久就倒閉破產了。這使原本就很貧窮的作家又背上了巨大的債務包袱。

司各特的朋友們商量，要湊足夠的錢幫助他還債。司各特拒絕了，他說：「不，憑我自己這雙手我能還清債務。我可以失去任何東西，但唯一不能失去的就是信用。」

為了還清債務，他像拉板車的老黃牛一樣努力工作。他的朋友們都非常佩服他的勇氣，都說他是一個真正的男子漢，是一個正直高尚的人。

當時的很多家報紙都報導了他的企業倒閉的消息，有的文章中充滿了同情和遺憾。他把這些文章通通扔到火爐裡，他對自己說：「華特·司各特不需要憐憫和同情，他有寶貴的信用和戰勝生活的勇氣。」在那以後他更加努力地工作，學會了許多以前不

會作的工作，經常一天跑幾個單位，變換不同的工作，人累得又黑又瘦。

拜倫在 1809 年發表的《英格蘭詩人和蘇格蘭評論家》裡面，無緣無故地攻擊過這樣一位溫和而高雅的詩人 —— 司各特。他攻擊司各特是為了生活而執筆寫作。

司各特回答說：

拜倫勛爵這頭小獅子，攻擊我是靠文筆餬口的，這頗為滑稽。他一點也不知道我的生活狀況。看見熊沒有食物而舔自己的前腳，便覺得好笑嗎？

我要告訴這位有名的頑皮孩子，不讓我承繼廣大的莊園和年俸 5,000 鎊並不是我的過錯，而他能夠承繼也不是他的功勞。

他生下來便有不需要靠自己的文筆和成功來謀求衣食的地位，那只是他的幸運。

後來經過出版商墨瑞的調停，司各特寫了一封信給拜倫，表明自己的態度。

1812 年 7 月 6 日拜倫發了回信。這是一封表現了他的善良性格和謙虛品質的信。

有幸收讀你的來信。承你提及我黃口小兒時期的壞作品，很覺抱歉。

那已經是絕版的東西了。你的說明反而使我產生自責之念。那篇諷刺詩，是我在年輕而且心中充滿痛憤的日子裡為發洩憤懣、賣弄警句而寫下的東西。

現在我正被這篇「武斷的亡靈」所苦惱著。

對於你的讚賞，我苦於沒有感謝之辭。

與詩壇名人過招

信裡接著說到了他會見攝政王的時候，攝政王讚賞司各特為不朽文豪的話。信末，他也盡到了作為後輩的禮節。那是《恰爾德‧哈羅爾德遊記》出版後 4 個多月，詩人拜倫的名聲凌駕司各特的時候。

後來司各特的創作由詩歌轉向小說，作為傳奇歷史小說的巨匠，獲得獨步古今的地位。他的作品風格，大家都知道是受法國大仲馬的影響的。

司各特的詩充滿浪漫的冒險故事，深受讀者歡迎。但當時拜倫的詩才遮蔽了司各特的才華，司各特轉向小說創作，從而首創英國歷史小說，為英國文學提供了 30 多部歷史小說巨著。

司各特最早的一部歷史小說《威佛利》1813 年出版，取材於蘇格蘭。司各特關於英格蘭歷史小說有膾炙人口的《艾凡赫》、《撒克遜劫後英雄傳》等，關於歐洲史的小說有《昆丁‧達威爾特》及《十字軍英雄記》等。司各特的小說情節浪漫複雜，語言流暢生動。後世許多優秀作家都曾深受他的影響。

1815 年春，司各特去歐陸旅遊的途中，暫住倫敦，在墨瑞家裡會見拜倫。在他逗留倫敦期間，連日和拜倫相見，縱談詩歌、藝術、政治和宗教。他們互相交換了贈品。司各特送給拜倫一柄黃金鑄造的短劍，拜倫送給他一個從雅典古墓掘出來的裝有人骨的銀瓶。

拜倫終生把司各特看作前輩。他焦急地等待司各特的小說出版，之後便貪婪地讀著。他給司各特的信件，充滿著對那些名篇的讚美之詞。

拜倫對司各特的友情，是穿插在他那波瀾重疊的激烈抗爭生涯中的一段美妙的插曲。

在詩壇上脫穎而出

　　拜倫的新書《恰爾德‧哈羅爾德遊記》出版了。本來這本書是預定在 1812 年 3 月 1 日出版的，可是出版商墨瑞卻故弄玄虛，將它拖到 10 日左右，而在這期間，還大登廣告並製造新聞。正式發售後，還不到 3 天的工夫，第一版發行的 500 本書竟銷售一空；而拜倫也在一覺醒來時，發覺自己已經成名了。

　　《恰爾德‧哈羅爾德遊記》是拜倫的代表作。在他的長詩裡，塑造了一批「拜倫式的英雄」。這種英雄的特徵是孤傲、狂然、浪漫，卻充滿了反抗精神。他們的內心充滿了孤獨與苦悶，卻又蔑視群小。恰爾德‧哈羅爾王孫是拜倫詩歌中第一個「拜倫式的英雄」。詩中寫道：

> 恰爾德‧哈羅爾心頭不安，
> 據說他幾乎淌出悔恨之淚，
> 自尊心使他眼淚在眼中打轉。
> 他要逃離那群放蕩的夥伴，
> 他心事重重，鬱鬱寡歡。
> 既然已經厭倦安逸的生活，
> 於是決定離開故土，浪跡天邊。
> 渴望國外炎熱氣候的考驗。
> 甚至不惜下地獄闖一番……

　　如果說歷史上有過這種情況的話，那麼，拜倫的《恰爾德‧哈羅爾德遊記》便是唯一的例子。拜倫的成功是輝煌的。墨瑞的

策劃宣傳新書的方案取得了很好的效果。在倫敦文壇上，這本書在出版以前就很有名了。因為羅傑斯在社交界的貴婦人中有勢力，所以從他口中說出的讚美詞便傳播到婦女中間去。

羅傑斯是當時威廉·蘭姆的夫人卡洛琳·蘭姆的崇拜者。夫人系出名門，是一代才女，是倫敦社交界的明星。她從羅傑斯那裡聽到拜倫的事情，又看過活版印出的原稿，很感興趣，便向朋友們宣傳開了。《恰爾德·哈羅爾德遊記》一出版，立即成了倫敦人談話的中心。

那是充滿辛辣味道的嶄新的詩篇。它的舞台是拿破崙戰爭漩渦中的歐洲各國。它的思想是對專制政治的大膽的挑戰。它的內容是一個青年貴族恰爾德·哈羅爾的縱橫萬里的旅行、天馬行空的情思。它被看作拜倫的自述。

這本詩集恰恰適應了倦怠已久的、期望著展開一個新局面的英國人的要求。忽然間，一片高呼和吶喊中，拜倫走紅了！他成為英國當時最紅的詩人。

英國統治階級的貴族豪富，大約只有 4,000 人左右；而他們組成的所謂社交界，差不多是日夜聚會、歌舞昇平。所以，一個人說的話會很快傳遍倫敦，拜倫在一部分人中的名氣很容易變成整個社會的名氣。一切好像都為拜倫的登場做好了準備。拜倫像早上八九點中的太陽一樣，逐漸升上了英國的上層社會。

那時候，在倫敦的社交界，如果不談論《恰爾德·哈羅爾德遊記》，不談論拜倫，就要被當作時代的落伍者。

在貴婦人們的眼中，他更是令人著迷。他的詩才、他的美麗、他的冷酷都成為貴婦們爭相追捧的對象。她們讚美拜倫，憧

憬拜倫。她們投身在拜倫腳下。在她們眼中，拜倫就像神一樣值得她們頂禮膜拜。

他有著白瓷一樣白皙而光亮的皮膚，銅色的捲曲的頭髮，長長下垂的睫毛裡面憂鬱的桃花一樣的眼睛，希臘雕像般的性感的薄嘴唇。除了他走路時跛腳的姿態不夠完美以外，他簡直就是完美的化身。

他的詩集還體現出蘊藏在美麗的軀體裡面的充沛的熱情、勇氣和聰明。跨馬馳騁在阿爾巴尼亞的崇山峻嶺上，游泳渡過赫勒斯旁海峽，半夜倚著船舷同地中海的波濤談話的放浪。這些浪漫的場景充分迷醉了那些貴婦們，她們在食桌上總是「拜倫、拜倫」地說著。

聽說拜倫要來，連沒有被邀請的人也會忽然出現。貴婦們為了要在飯桌前緊挨著拜倫，甚至有人會故意弄亂桌上的名單，搞一些明爭暗鬥的小把戲。有一個小姑娘甚至改扮了男裝，想去做拜倫的僕人。這段時間拜倫幾乎被英國上層社會的名流包圍了。

在倫敦的社交圈有一位活潑大方，但性情卻反覆無常的名女人，叫卡洛琳·蘭姆。她在 7 年前嫁給墨爾本爵士的第二個兒子，並且已生了一子。

她極富青春活力，並且十分敏感，雖然已經結婚生子，可是仍保有少女的純潔和天真氣息。她雖然沒有受過什麼正式教育，但卻天生麗質、蕙質蘭心。她不僅能寫詩而且還會作畫。她久聞拜倫的名聲，十分仰慕，但苦於無見面的機會。

有一天，羅傑斯到她家去拜訪，遞給她一本《恰爾德·哈羅爾德遊記》，並且說：「你應該認識這位新的詩人！」不過，羅

傑斯又警告她說：「這個人不但跛腳，還常咬自己的手指……」但是卡洛琳讀過拜倫的書以後，說：「即使他像伊索寓言的作者那樣醜陋，我也想認識他。」

她在威斯特摩蘭夫人家裡看見他了。他有美麗的容貌，像音樂一樣的聲音。但是由於許多婦人圍在他身邊，使自己不能走上前去，因而她未能與拜倫相識並交談。

那天，她在日記上寫道：「發狂的、不好的、危險的人。」兩天之後，在荷蘭德府她和拜倫被正式介紹見了面，他們進行了交談。回來後，她寫道：「那樣蒼白美麗的臉色！是我的命運！而這樣征服了許多女性的他，又是怎樣呢？」

他依然被無盡的寂寞包圍著，他至今也無法從痛心酸楚的過去掙脫出來。他在懷疑著自己詩篇成功的永久性。而且他還沒有完全擺脫少年時期的害羞的性情。他雖然成了倫敦社交界的獅子，內心卻是煩悶的。他俯視著一切女性，而又依然低著頭很少說話。他的沉默、憂鬱和懷疑更賦予他以特殊的魔力。他就這樣一步一步地走上了英國社交界的王座。

正由於卡洛琳不願去奉承拜倫，反而引起拜倫對她的興趣。對拜倫來說，這是一種新鮮的經歷，因為以前在他身邊包圍著的，盡是一些社會地位比他低，仰慕他、奉承他的女人；而現在他卻面對著一位社會地位相等、知識又相當的社交界名女人。

卡洛琳·蘭姆是英國貴族社會特有的產物。他們有著大量金錢、權力和道德，他們能夠任意地窮奢極欲。他們能夠制定有利於自己的法律，他們製造方便自己的道德標準，用冠冕堂皇的道理來掩蓋放蕩墮落的生活。

在詩壇上脫穎而出

美麗的卡洛琳就是在這樣的富貴人家生下來的。她的母親別斯保羅夫人，因為卡洛琳3歲的時候患過腦出血，便把她寄養到親戚德文西亞公爵家去。

按照那時候英國貴族夫人的習慣，德文西亞公爵夫人把全部時間都花在社交上，沒有時間照顧孩子，孩子們都是交給僕人看護。

美麗而富貴的卡洛琳就像「公主」一樣，是在沒有任何人違抗她的意志的環境中長大的。作為貴族的成員，她不需要進學校，因為將來即使不認識字，她也能拿到國家給貴族特有的津貼，足夠生活開支。所以卡洛琳到10歲還不會寫字，因為她沒有唸過書。

她每天爬起床來，便拿著銀製的食器，穿著睡衣跑進廚房去，在那些吵鬧不停的男女僕人的伺候下吃飯。吃過飯之後，她還自顧自地玩耍半天。

像她自己在日記中所寫的那樣，比起讀書來，她還是：「更喜歡洗狗呀，馴馬呀。講到馬的方面，最喜歡訓練劣馬。」由此可見，她是一個征服欲和占有欲極強的女人。

到15歲的時候，家裡覺得作為上流社會的成員，一定要有一點學識，這學識不是用來解決實際問題的。女人讀書讀得多，可能是為了和同樣貴族出身的男士更般配。於是他們給卡洛琳請了家庭教師來教書。

不多久，聰慧過人的卡洛琳就學會了希臘語、拉丁語、義大利語、法語、音樂、圖畫、演戲、作詩，用她的才華震驚了倫敦的社交界。英國上流社會都希望結識這樣一位才女。

有這樣一位才女圍在自己周圍，讓英國那些貴族男士兩眼冒火，他們充滿羨慕嫉妒恨的目光，讓拜倫覺得很舒服。卡洛琳也是如此，她享受那些英國名媛憤恨和嫉妒的目光。

　　拜倫和卡洛琳的愛情是兩者個性強烈、自以為是的衝擊使然。這段纏綿而波折起伏的愛情，自始至終造成兩個人刻骨銘心的痛苦記憶。

　　有時拜倫硬逼著卡洛琳承認她愛他甚於愛自己的丈夫。甚至，有一次為了要檢驗卡洛琳是不是對他真心，而向她提出私奔的要求。或許他明知卡洛琳絕對沒有勇氣離開她現有的舒適環境，也或許他只是要試試看卡洛琳是否會離開她的丈夫與兒子。

　　根據羅傑斯的記載：「她向拜倫保證，如果他需要金錢的支助，她所有的珠寶都可以任他取用；而且，如果拜倫去參加她未被邀請的宴會，她甚至願意在街角等候拜倫，直至宴會結束。」

　　除了和卡洛琳的戀情，拜倫還收到一大堆傾慕他的女人寫來的信。有的想要幫助他改變信仰，有的要拜倫對她的詩下評語，有的甚至自作多情地以為他詩中所寫的女人就是影射自己的。

　　拜倫在這時候與卡洛琳的 62 歲婆婆墨爾本夫人成為了知心好友，以後和她無所不談，毫無隱瞞。

　　當拜倫和卡洛琳的關係達到某一高潮後，拜倫想要「急流勇退」，但卻不知如何是好。他想退出的原因之一，是卡洛琳處處想控制他，這讓他感到難以忍受。

　　卡洛琳曾經改了裝扮進入拜倫家中，拿出刀來想以自殺威脅拜倫。拜倫奪下刀後，霍布豪斯接著把她勸到別的房間去，讓她更換衣服，再用馬車送她到朋友家，這樣才算結束了這一幕鬧劇。

在詩壇上脫穎而出

從表面上看來，他們兩人的關係似乎已經告一段落，然而事實上，卡洛琳仍舊為拜倫痴狂如舊。

她每天堅持給拜倫寫信，拜倫一開始還彬彬有禮地給她回信，但是後來，他實在不能忍受這個女人的瘋狂之舉了，於是給她寫了一封很絕情的信。

> 卡洛林夫人 —— 我再也不是妳的情人，既然妳用這種不像女性所做的迫害逼著我承認……聽著，我愛上了另一個女人，當然這裡提她的名字實為褻瀆。我將永懷感激的心情牢記妳向我顯示的好意；我將始終是妳的朋友，如果妳允許我這樣寫的話。作為我的敬意的第一個證明，我提一個建議給妳：改掉妳可笑的虛榮，你把妳荒唐的奇想強加給妳和其他的人吧，讓我安靜一點吧！
>
> 你最恭敬的僕人拜倫

墨爾本夫人為了平息他和卡洛琳之間的風風雨雨，曾努力促使她的姪女安娜貝拉和拜倫認識。因為她以為，若是拜倫能有一位賢惠的妻子就不至於再和卡洛琳糾纏不清了。拜倫接受了墨爾本夫人的建議，果真向安娜貝拉求婚，沒想到在倫敦社交圈如魚得水的拜倫，竟然在這裡吃了「閉門羹」，安娜貝拉拒絕了拜倫。於是，拜倫只好一笑置之。

這時候，成熟而穩重的牛津夫人又吸引了拜倫的注意。因此，他又成了牛津夫人的座上客。

拜倫回顧自他出了名以後的這一年，發覺只有目前的狀況最令他滿意。在年終的最後一天，他寫給墨爾本夫人的信上說：

這一年，我沒有什麼成就，但唯一可以自豪的是：我在你們家兩個月的時間裡，創下了我的紀錄 —— 沒有打過一次哈欠！

被迫訂婚

　　愛情本身就像是一團亂麻，對於像拜倫這樣的詩人來說，愛情更是珍貴的奢侈品。因為初戀的被踐踏，他已經很仇視女性了；和卡洛琳在一起的日子，也讓他有生不如死的感覺。

　　然而噩夢並沒有馬上結束，拜倫和卡洛琳的關係依然糾纏不清！雖然拜倫已經停止寫信給她，但她仍舊一直糾纏著拜倫。

　　有一次，在伊斯考特的舞會上，他們兩人竟然再次碰面了。卡洛琳抓住了他的手，上面還按著一件金屬的東西，並且說：「我真的要用這個……」

　　拜倫回答說：「在我身上嗎？」說後，就從她身邊走過去了。

　　晚餐的時候，她看到拜倫和一位蘭克利夫人走進餐廳，她就拿著刀跟了進去。拜倫對她說：「如果你要演刺殺凱薩大帝的那一幕，請留意下手的姿勢 —— 刺你的心吧！不要傷害我的心 —— 因為你已經早就刺透了！」

　　卡洛琳拿著刀跑了出去，許多女士想把她手中的刀奪下時，她卻砍傷了自己的手。第二天，當地人們又增加了許多閒談資料，卡洛琳才覺察到自己已經鬧得太過分而成為眾人的笑柄了。

　　拜倫只喜歡一個女性，那就是他的異母姐姐奧古絲塔。他對她的喜愛甚至已經超越了姐弟親情。他甚至有點愛上了姐姐。

　　姐姐奧古絲塔的婚姻生活很不幸，丈夫喬治·利除了賽馬、賭錢以外，就只有追逐女僕的本事了。而當附近有賽馬比賽的時

候，他才回家一次，3 個孩子全都要奧古絲塔一個人照顧。

由於賭博負債，家裡連妻子的陪嫁也敗光了。奧古絲塔的生活已經到了山窮水盡的地步。她只有盡力向債權人解釋，每月勉強向食品店、服裝店交付費用。

當她家裡再也找不到對付債權人的藉口的時候，她只得暫時到倫敦去投靠拜倫。和倫敦社交界中慣見的貴婦人不同，她是純然古風的貞淑女子。她是不參加晚會、舞會的家庭婦女。她雖然是男爵家的女兒，算作貴族，但是沒有資產，實際生活只是跟中產階級差不多。

正是她要到達倫敦的那一天，拜倫事先約定了要送奧克斯福夫人和她的丈夫去地中海旅遊。拜倫覺得有必要為不幸的姐姐而捨棄一切。他沒有去送奧克斯福夫人，而去迎接不幸的姐姐。拜倫大概已經有 10 年沒有看到姐姐了。

1813 年 6 月 27 日午後，他把姐姐接到了家裡。一看見姐姐，他就覺得很喜歡她。那是見到和自己長得相像的人的一種歡悅。她秉承著拜倫家的血統，臉型和睫毛還有眼睛都和拜倫的一樣，說話的音調、害羞的神情以及有時候沉思的樣子都很相像。拜倫似乎是在看另一個自己。

這不是自己長時期中尋求的女性嗎？而且和自己很相像。兩人在一道時，常常沉默著，而彼此的內心卻是完全相通的。拜倫第一次遇見了自己在她面前不用掩飾的女性，但那人卻是自己的姐姐。

1813 年 7 月，他到姐姐家去看她的 3 個孩子。8 月又回倫敦來，他們同住在一座屋子裡。他發覺心中又有了久已失去的和平

被迫訂婚

寧靜，他感到非常幸福，因為他遇見了真正能夠關心他、愛護他的女性。

拜倫在寫給卡洛琳的婆婆墨爾本夫人的信中，曾暗示他和同父異母的姐姐有著近乎過於親暱的關係。這讓墨爾本夫人非常吃驚，她甚至覺得，這種情形比拜倫和卡洛琳的關係更為嚴重。

對拜倫來說，這種關係似乎是他們家的傳統習性——越是被禁止的事，越是有「新鮮的感覺」。不過，他也想竭力擺脫這種不道德的行為，因而他的內心有著極大的矛盾和不安。本來他想要帶奧古絲塔一起出國的，後來因為聽了墨爾本夫人的勸阻，打消了這個念頭。

還有一個女人進入了他的視野，那是同學韋伯斯特的新婚妻子弗朗西斯·韋伯斯特。他那年 9 月被邀請去會見韋伯斯特夫婦。

弗朗西斯是個瘦弱的金髮女人，她那纖細的感覺和明澈的頭腦引起拜倫的興趣。她也被拜倫這樣才華橫溢的詩人深深吸引。他們互相間的思慕之情隨著會見的次數而增加。但是尚未失去少女純真感情的她，不敢將一切給予他。

他們之間是沒有結果的，因為她是他朋友的妻子。就算再怎麼樣喜歡，拜倫也不能奪人所愛。他也不忍使這個純潔的女人受良心苛責的痛苦。最後，在紐斯臺德古堡的一個夜晚，兩人站在前庭直至凌晨兩點鐘，終於含著哀怨分別了。

在這段情緒低落的時間裡，拜倫開始寫日記，一開頭就是檢討自己和一再回憶他已逝去的歲月。他的結論是絕望和失敗：

一個人到了 25 歲，

生命的黃金年華已經過去時，

他應有所成就了啊，

而我有什麼呢？

只白白地活了 25 年！

我看了些什麼？

世界各地的人都是一樣！

哎，女人也是如此。我也不知自己想要什麼，

一旦有了想要的，有時候卻又後悔了！

　　大家都認為婚姻是愛情的墳墓，可是沒有婚姻這座墳墓，愛情會不會死無葬身之地呢？如果沒有愛情就急於進入婚姻呢，那似乎就是一種類似於「自殺」的活埋。

　　已經 25 歲的拜倫渴望走進婚姻的「圍城」。他已經經歷了所有愛情的形式，只有婚姻還沒有嘗試過。他喜歡搞怪，喜歡讓人覺得不可思議。如果在婚姻這件事上他不讓人吃驚的話，那種婚姻又算什麼東西呢？

　　渴望進入婚姻的神聖殿堂的拜倫開始找朋友商量，究竟應該找誰結婚。儘管他不知道應該和誰一起結婚，但是這種需要結婚的願望一天天地強烈起來。

　　在奧古絲塔的建議下拜倫追求夏洛蒂小姐，不料夏洛蒂小姐太過於害羞，不敢表示自己的心意。因而在年底前，她聽從家人的安排，嫁給了另一位貴族。

　　拜倫沒有因為這件事而傷感，他覺得自己的緣分還沒有到來，他希望能擁有一位像姐姐一樣的好妻子，如果能找到那樣好

被迫訂婚

的伴侶，他不在乎多等待一些時間。

　　墨爾本夫人上次給拜倫介紹的安娜貝拉也是不錯的結婚人選，她上次拒絕了拜倫，拜倫內心有很強烈的征服她的慾望。或許拜倫並不是很愛她，追求她只是覺得可以滿足自己作為一名男性的征服欲。

　　於是拜倫轉而向純潔的安娜貝拉進攻。她是原來的情人卡洛琳的表妹。他文情並茂的求婚信輕易地贏得了安娜貝拉的芳心，安娜貝拉對於這樣危險的征服感到驚奇。她也不再矜持，而且拜倫的求婚信使她產生一種錯覺，這封信讓她自信心爆炸，她覺得自己就是唯一一個能拯救這位漂亮的罪人的人。

　　雖然拜倫急於討好並取信於安娜貝拉，可他心裡還是很不自在。他以前戀愛的對象，除了幼年時對瑪麗‧安是真正認真地付出感情外，其他的都是祕密且被禁止的。因為和他交往的女人都是別人的夫人，對於純潔的安娜貝拉，拜倫真的沒有什麼信心。

　　卡洛琳知道拜倫追求表妹的消息後，刻薄地說：「拜倫永遠不會跟一位準時去教會、會統計學、身材奇差的女子在一起。」但是，安娜貝拉並不願意聽從表姐的勸告，安娜貝拉被拜倫的表白打動了，她決定擔任起改造拜倫的任務來。

　　她是教徒，可是拜倫不信教，她千方百計地說服他相信神的存在，可是拜倫對此不屑一顧。他需要證據證明神是存在的，但是她做不到。

　　於是她像老師一樣教育拜倫，她告訴拜倫：「要仁慈，你會去愛大家的，你會行好事，儘管我的行為並不十全十美，但是十分榮幸，因為我能賜給人平安，喚起人的德行。」

1814 年 9 月 9 日，拜倫寫信向安娜貝拉求婚。安娜貝拉很快回信說：

> 長期以來，我一直對自己發誓，我一生中的第一個目標就是使你幸福。我將把我應該尊重的一切，我能愛的一切，寄託於你。我現在唯一的恐懼，就是害怕辜負你的期望。事實上，我的感情幾乎沒有發生任何變化。

　　儘管安娜貝拉的父母得到女兒即將訂婚的消息有些不安，他們不了解拜倫究竟是個怎樣的年輕人。他們希望拜倫能來他們的家鄉見一見面，互相了解一下。可是他們的女兒非常確信，拜倫就是和自己最合適的伴侶。這就是安娜貝拉的可悲之處，因為實際上她一點也不了解未婚夫的一切，她對生活中的拜倫一無所知。

　　很快，拜倫和安娜貝拉訂了婚，但是這依然無助於他們之間的情感的發展。安娜貝拉不能理解拜倫，她像聖女一樣神聖而又正直。在拜倫看來，她更像是缺少風情的「神職人員」。

　　他們在一起就好像「天使」遇上了「魔鬼」。他們雖然天天在一起，但是他們的心之間卻存在著最遙遠的距離。

平淡的婚禮

拜倫成功了，他贏得了安娜貝拉的芳心。可是他並沒有覺得多麼幸福。他總是推託著不去見安娜貝拉的父母。因為一切都有家庭律師韓生打理。

韓生是位多疑的律師，他堅持要草擬一份關於他們夫妻財產約定的協議。安娜貝拉的父親也是位爵士，他打算給女兒每年 1,000 英鎊的嫁妝。其中 300 英鎊作為女兒的零用錢，另外 700 英鎊作為女婿的終身年金。將來安娜貝拉還會繼承父親每年 7,000 英鎊至 8,000 英鎊的收入，這些錢將由拜倫夫婦平分。

在拜倫一方，他要以紐斯臺德的財產作保，正式給予妻子總數達 60,000 英鎊的一筆錢，估計年收入有 2,000 英鎊。財產協議的約定讓雙方都很不高興。拜倫的朋友們認為拜倫這位未來的岳父是個小氣吝嗇的人。安娜貝拉的父親認為拜倫家的律師厚顏無恥。

安娜貝拉似乎在這場婚姻中是毫無價值的擺設，他們在錢上斤斤計較著，誰都沒有注意到婚姻本質是和錢沒有太多關係的。拜倫終於決定要去拜見岳父岳母了，他要像一個真正的爵士一樣敲開未婚妻家的大門，親自把她迎娶回家。

拜倫初次到安娜貝拉的家還是很愉快的，他和岳父的關係相處得很好。他的岳父是位「十全十美」的紳士。但是他的岳母卻讓他很難接受，因為那是一個好管閒事的討厭的女人。

但是最讓拜倫失望的是未婚妻安娜貝拉。他見到她時就覺得自己錯了。長期以來自己喜歡的只是在自己腦海裡彙集的一個美好的女人。當安娜貝拉遠遠地在他鄉的時候，拜倫看到的都是美好的閃光的東西，當她真正走進自己的生活的時候，他發現她跟自己實在是不般配。

　　他覺得他們的婚姻是不會成功的。他不知道怎麼和安娜貝拉相處，因為她太多愁善感了。而拜倫又經常在安娜貝拉面前提到奧古絲塔。

　　他對安娜貝拉說：「你不太嚴肅的時候，就好像奧古絲塔一樣可愛！」

　　安娜貝拉有些不高興地說：「難道你天天喜歡看我嬉皮笑臉的樣子嗎？那是輕浮的女人才會做的事。」

　　拜倫很生氣地說：「什麼？妳怎麼可以說我姐姐是輕浮的女人？知道嗎，誰也取代不了她在我心目中的地位！妳不配說她！」

　　這樣的談話總是充滿火藥味。拜倫為了不和未婚妻發生無謂的爭吵，索性就不說話了。在他們相處的更多時間裡，他們彼此保持著沉默。

　　這種壓抑的生活讓拜倫感到窒息，拜倫就詢問墨爾本夫人：「敬愛的墨爾本夫人，你能告訴我，我究竟該怎麼做嗎？我和未婚妻安娜貝拉沒有話說，你知道嗎，她就像一位聖女，總是高高在上的樣子。她似乎瞧不起我，我們沒有話說，我們一說話，很快就會爭吵起來。我真希望你能幫幫我，我都要崩潰了！」

平淡的婚禮

墨爾本夫人微笑著告訴他說：「你真是個『笨蛋』，對於女人，你難道還總是喋喋不休地和她們說話嗎？告訴你，愛是不需要用語言來表達的。我還以為你是『情聖』呢，什麼樣的女人都能搞定，原來是個中看不中用的傢伙。」

墨爾本夫人笑著接著說：「難道還要我給你親自示範嗎？你妻子那樣的女人，表面上看起來極其正統，但是她骨子裡還是需要你愛撫的。女人都是口是心非的動物，當她說『不要』的時候就是說『要』。接吻和擁抱對於你們這樣的熱戀中的情人來說是必不可少的。」

拜倫聽從了墨爾本夫人的話，他嘗試著親近安娜貝拉，當他回來的時候，熱情地抱住了安娜貝拉，「哦！親愛的，妳真美！」說著他吻了她的嘴唇。

安娜貝拉像被侵犯了似的，一把推開拜倫，她驚訝地叫道：「噢！你在幹什麼？快把你的髒手拿開！你的口水讓我噁心！」

說完，她很虔誠地雙手合十，低頭禱告：「上帝啊！寬恕這可憐的孩子吧！他一定是中邪了！阿門！」

拜倫被安娜貝拉這樣的行為激怒了，他憤怒地說：「你，你在幹嘛？難道我是匪徒嗎？我是你的未婚夫，難道我連吻你都不行嗎？」

安娜貝拉驚恐地搖搖頭說：「當然不行了！我們還沒有舉辦婚禮，你怎麼能吻我呢？我是純潔的女孩，在沒有結婚前，任何男人都不能碰我，要不然上帝會懲罰我們的。」

拜倫垂頭喪氣地倒在一邊，他擺了擺手說：「好吧，『聖

女』。別那麼激動，既然你不接受我這樣做，我們還是暫時先分開。要不『上帝會懲罰我們的』。等我們結婚時再見面吧！」

拜倫很快收拾好行李，準備離開了。他在離別時對安娜貝拉說：「這次分手是短暫的。我會很快回來接你的，到時候我們就結婚。」

接下來的兩個星期，拜倫都沒有回到安娜貝拉的家。他一直在猶豫是否要真的和安娜貝拉結婚。雖然安娜貝拉很純潔，也是好女孩，但是她似乎完全不了解拜倫。

安娜貝拉一直在寫信給他說：

親愛的喬治：

這麼長時間過去了，我已經開始想念你了。不知道你有沒有想我。上次的事情是我太激動了，對不起，希望你能理解。我從小都是這樣的，從來沒有一個男人吻過我的嘴唇。你那個樣子有點嚇到我了。

結婚的禮服我的父母已經訂好了。婚禮上的蛋糕是三層的，上面還有模仿我們的樣子的糖做的小人。親戚們給的結婚禮物也都準備齊全了。

現在萬事俱備了，只等著你回來跟我舉行婚禮。你可不要做逃跑的新郎啊！我都已經通知親友了，你要是不來，我就沒有臉見人了！你一定要趕快來啊！

愛你的安娜貝拉

拜倫看了這封信，知道這次他是逃不掉了，儘管他覺得這場婚禮一點也不讓人期待。他甚至有些恐懼。他回倫敦找霍布豪斯做他的伴郎。他希望有人能給他一點信心，讓他能回去和安娜貝

平淡的婚禮

拉完婚。一路上拜倫總是拖拖拉拉，他不想那麼早見到安娜貝拉。他在聖誕節的時候還和姐姐奧古絲塔在一起住了一夜。

1814 年 12 月 25 日，當霍布豪斯與拜倫動身去迎娶安娜貝拉時，天氣特別寒冷，地上也飄滿了雪，對酷愛溫暖氣候的拜倫來說，這真是一個不祥的預兆。

他跟霍布豪斯說：「今天的天氣真糟糕，這麼大的雪，我覺得這有點太不吉利了。」

霍布豪斯安慰他說：「喬治，你總是那樣杞人憂天，聖誕節期間就是這樣的。誰讓你們不把婚禮安排在春天或者秋天呢，那樣一定不會下雪的。」

拜倫愁眉不展地說：「我真的一點也不想回去結婚。可是你知道嗎，前幾天安娜貝拉寫信給我，她威脅我說，要是我不回去她就會死。我最害怕這樣了。可是我覺得我不愛她，或者說沒那麼愛她。但是我也不能眼睜睜看她因為我而發生不幸。所以我還是要回去和她結婚。」

霍布豪斯很驚訝地說：「噢？你不愛她？為什麼還要招惹她？她那樣的基督徒，或許真的不適合你，我知道你一向不信教的。結婚後她會不會變成『傳教士』，非逼著你信奉『上帝』啊？」

拜倫搖搖頭說：「我真討厭她那『救世主』一樣的眼神。想到她那堅定而神聖的充滿憐憫的目光，我就會渾身打顫。這回我麻煩大了。」

霍布豪斯拍了拍他的肩頭說：「你放心，我相信你可以征服她的。說實話，安娜貝拉也是不錯的女人。她看起來很單純，你

是個有能力的男人，應該能征服她。既然要結婚了就要擔當起做丈夫的責任，不要隨便跟女人計較。」

拜倫無奈地說：「謝謝你能這樣安慰我，希望能像你說的那樣。」

1815 年 1 月 2 日，拜倫和安娜貝拉的婚禮如期舉行。婚禮流程是按照拜倫的意思安排的，他們只邀請了安娜貝拉的家庭教師，並由兩位牧師來主持儀式，除此之外，就是安娜貝拉的家人而已。

婚禮進行得很平淡，沒有什麼鮮花拱門，也沒有熱鬧的酒席，一切儀式都是模板一樣的千篇一律，沒有一點讓人難忘的地方。

拜倫的腦子裡一片混亂。他似乎什麼也沒有聽見，什麼也沒有看見，他的眼前還浮現著初戀情人瑪麗·安的臉，直至該他說話的時候他才回過神來說：「我把我在世界上擁有的一切都獻給妳，我的妻子安娜貝拉。我愛妳，無論我們是健康或者疾病，無論我們是貧窮還是富有，無論我們是年輕還是衰老，我都會一如既往地愛妳。」這是拜倫此生說的最言不由衷的話。

他的妻子安娜貝拉一臉幸福地說：「我也是，我希望我們的婚姻可以成為經典的範例，希望上帝為我們賜福！讓我們永遠相親相愛，白頭到老。」

人們向他們祝賀，霍布豪斯把新娘扶上馬車，他對她說：「祝你永遠幸福！希望你能像一位賢惠溫柔的妻子一樣愛護喬治，因為他小時候太不幸了，希望你的愛能化解他內心塵封多年的傷痛。」

平淡的婚禮

她回答：「假如我不幸福的話，那是我自己的過錯。放心吧，我一定會好好愛護他的。」

他們很快開始駕著馬車進行蜜月旅行。馬車上的妻子焦急而又迫切地想度蜜月，馬車上的丈夫卻為這場婚禮懊惱不已。他是為了報復才和安娜貝拉結婚的，因為第一次她拒絕了他。這個報復安娜貝拉的念頭就是從那時候開始的。

他終於忍不住要對安娜貝拉說：「妳真是受了妳想像的莫大的愚弄！像妳這樣一位有見識的人卻產生出不切實際的希望，希望來改造我，這怎麼可能呢？……妳本來也許會拯救我一次，但是現在已經晚了……妳成了我的妻子，我要恨我的妻子，這對我來說夠了。當我初次將我奉獻給妳時，妳原可以為所欲為。但是你現在會發現，妳已經嫁給了一個魔鬼。」

這番話讓安娜貝拉吃驚不小，但是她從拜倫的笑聲中覺得他是在和她開玩笑。安娜貝拉說：「親愛的，我相信你不是那麼小氣的人。之前那次拒絕你，不是因為不喜歡你，是因為我那時還沒有自信，我覺得我配不上你。你第二次追求我的時候，我已經跟你解釋過了。希望你不要在意。你知道，女孩家總是矜持的。」

安娜貝拉婚後對拜倫總是百依百順，可是喜怒無常的拜倫仍然讓她不知所措。他時而就是溫柔的天使，輕輕地把她捧在手心裡，可他還會突然因為她的一句話或者一個詞而像魔鬼一樣暴跳如雷。她只有 22 歲，單純得像一張白紙一樣，她真的不知道怎麼和拜倫相處。但是她決心要改變他。

有一天安娜貝拉拿來一本《聖經故事》對拜倫說：「親愛的，

你不想了解一下『上帝』的故事嗎？這本書你看看，其實很有意思的。」

拜倫只是輕輕用眼角的餘光掃了一眼那本書說：「我對『上帝』不感興趣。把書拿走吧，不要想讓我成為『上帝的俘虜』，那樣做只會讓我感到厭倦。我告訴妳，不要想改變我！」

安娜貝拉不服氣，她把書打開，遞到他面前說：「你看看，你那糟糕的壞脾氣，那是魔鬼『撒旦』在你身邊引誘你的結果。只要你信奉『上帝』，那至高無上、無所不能的主啊，他就能為你驅逐魔鬼！相信我吧，只有我能拯救你！」

「夠了！你少擺出一副『上帝』的模樣。告訴你，我根本不相信那一套騙人的鬼把戲。就算真的有魔鬼，你就讓它來找我吧！我不怕！因為我就是魔鬼，我是比魔鬼還要惡毒千倍萬倍的惡人！你能拯救我嗎？哼！笑話！你還是先拯救你自己吧！」

說完這番話，拜倫憤怒地把那本書撕得粉碎，並且把書的碎片甩在了安娜貝拉的臉上。他以為這樣可以激怒安娜貝拉。可是他沒有想到，安娜貝拉竟然一點也沒有惱怒。她只是默默地拿來掃帚輕輕地把書掃在一起，裝在紙袋裡，然後自己一片一片地用膠黏好。

她依然微笑著說：「親愛的，不要那麼生氣，生氣對你的肝臟不好。沒關係的，書不好看你也不要那麼用力把它撕碎，那樣你的手會疼，那本書也一樣會疼。」

拜倫聽到妻子這樣的話，情緒平靜了很多，他說：「好吧，親愛的。是我不對，我不應該把你的書撕壞，那樣的確太失禮了。你不要黏了，等明天我賠你一本。」

平淡的婚禮

安娜貝拉笑著說：「我就說你不是鐵石心腸的人嘛。咱們夫妻之間幹嘛這麼客氣，只要你能按我說的去做，我相信，你很快會成為一位傑出的『聖人』的。」

可是這些話再次刺激了拜倫敏感的神經，他又發起狂來：「我告訴妳，不要想控制我，不用擺出一臉偽善的模樣，那個樣子只會讓我更討厭妳！我不想當什麼『聖人』！我結婚的時候就告訴過妳，我就是魔鬼！」

她不明白，正因為她太過純潔、完美，而使拜倫更加不喜歡。拜倫的情緒變化得這樣快，安娜貝拉感到害怕和驚訝。有時拜倫看她害怕的情形，就更加惡作劇似的捉弄她，故意向她揭露他自己以前的一些敗壞行為。

有一次，拜倫看見安娜貝拉在切麵包，他一把把麵包刀搶過去說：「嘿，妳看這把刀，我曾經想要把它刺進自己的胸膛裡，可惜沒有成功。妳說我這次能成功嗎？」說著他把刀拿起來，假裝要朝胸口扎。

安娜貝拉嚇壞了，她驚叫起來：「上帝啊！你要幹什麼？你想自殺嗎？快把刀給我拿下來。」

拜倫一臉壞笑地說：「那妳那麼想要刀，不如我把它刺進你的心口，看看血流出來時是不是像紅酒一樣美麗。」

「你這個瘋子，簡直無藥可救。」安娜貝拉知道她被拜倫愚弄了一番，很生氣。

在幾番痛苦的較量之後，安娜貝拉意識到了她根本無法改變丈夫的想法，他就像是注定要下地獄的那群人，他有反抗宇宙暴

君的憤怒，他也有絕望墮落的無奈。

這樣的婚姻是悲慘的。他們志不同道不合。兩個人的強烈反差的個性，就是這痛苦的根源。拜倫覺得妻子是一個讓人感到乏味的女人。

他喜歡的是漂亮的輕浮的女人，是風情萬種的女人。可是安娜貝拉卻中規中矩，性格嚴肅。她就像修女一樣保守。

拜倫常提到奧古絲塔，安娜貝拉為了討好拜倫，於是答應拜倫去拜訪奧古絲塔。她沒有想到，這次的拜訪將帶給她一生的恥辱和憤恨。

當馬車在奧古絲塔家停下來時，安娜貝拉注意到拜倫似乎有點焦急。等奧古絲塔下樓後，兩個女人就互相觀察對視了好一段時間。當天晚上，甚至以後在奧古絲塔家的每個晚上，對安娜貝拉來說，真是一場場噩夢。

每次安娜貝拉去睡了以後，拜倫還堅持和奧古絲塔留在客廳談話。要是安娜貝拉不願意先去睡覺，拜倫就會故意羞辱她，激她去睡覺。

他經常對她說：「我的妻子，現在我們這裡不需要妳，妳請吧！妳沒發現妳在這裡是多餘的嗎？我和我的姐姐需要自由的空間聊天。妳不要像間諜一樣盯著我們好不好？」

安娜貝拉無辜地說：「難道我不能陪著你一起聊天嗎？我也是你的妻子啊，我也希望和姐姐多聊一下啊！」

拜倫不屑地嘲諷她：「妳以為妳能跟我們談論共同的話題嗎？我們對妳那套『上帝』的理論不感興趣。不要在這裡掃興了，快

點到睡夢裡跟妳的『主』祈禱吧！」安娜貝拉就這樣被羞辱著回到房間休息去了。

　　有時，拜倫也會把奧古絲塔弄得無地自容。有一次，他在妻子面前，露骨地詢問奧古絲塔說：「親愛的姐姐，還記得我在紐斯臺德城堡居住時的樣子嗎？那時候我們多快活啊！妳那時候只有 19 歲，我才 15 歲。那時候妳是那麼迷人，就像聖潔的花一樣芬芳撲鼻。

　　我真的從那時候就喜歡跟姐姐在一起玩，因為我們看起來那麼相像。妳是我見過的最完美的女人。哪像安娜貝拉那樣，天天把自己搞得像女神似的。我最討厭她偽善的樣子了。還是姐姐對我最好，她要是能有妳一半溫柔可愛，我就心滿意足了。」

　　奧古絲塔的心地很善良，她不想使安娜貝拉受到傷害，因此她說：「快別說這些了，你的妻子聽見會不高興的。我是你的姐姐，當然要照顧你、愛護你了，誰讓我比你大呢！現在你結婚了，就不能像小孩子那樣纏著姐姐了。你要愛你的妻子，她真的是很不錯的姑娘。她比我更好，她也比我更愛你！」

　　有一次，拜倫因為一件小事又和妻子吵嚷起來：「笨手笨腳的蠢女人，你怎麼會把我的書稿弄亂呢？！知道嗎，那是我的心血！妳傷害它們就像傷害我一樣。」

　　安娜貝拉眼裡含著淚說：「對不起，我不是故意的，我是幫你抄寫那些書稿，希望它們看起來更整齊，是風不小心把書稿吹落一地的。真的對不起，你不要生氣了。我一定會幫你整理好的。」

奥古絲塔馬上趕過來勸阻拜倫說：「不要這麼跟安娜貝拉說話，她也是好意幫你抄寫書稿的。你作為一個男人怎麼能和女人爭執呢！就算是有錯也是你的錯。安娜貝拉對你那麼好，你怎麼能責備她呢？這樣做太不應該了！」

奥古絲塔把安娜貝拉摟在懷裡說：「對不起，我弟弟太失禮了。別生氣了。我知道妳是受委屈了，希望妳能原諒我這個沒有禮貌的弟弟。」

安娜貝拉說：「姐姐，幫幫我吧，我真的不知道怎麼做他才能滿意，我怎麼做他才能對我好一點。」

奥古絲塔說：「想要他愛你，就要先了解他。男人都像孩子一樣，他們是害怕被束縛和管教的。千萬不要把自己放在教導者的地位，也不要試圖去讓他改變什麼。他不喜歡妳管著他。發揮妳溫柔的女性魅力吧，他對溫柔妖嬈的女人沒有免疫力。不要天天板著臉，多微笑，多風情一點，他會更愛你的。」

安娜貝拉說：「謝謝你，姐姐。我覺得他喜歡妳比喜歡我更多一些。在妳面前，我自慚形穢。他總說我不如妳好。」

奥古絲塔說：「那是因為我們從小在一起時間長了，他總是把我當成母親一樣的角色。你們長期待在這裡也不太合適，最好你們還是能早點回自己的家，他看不到我了，也就不會像孩子一樣撒嬌了。」

接下來的時間她們就不停地勸慰拜倫，讓他早點動身和安娜貝拉一起回家。拜倫終於慢慢接受了她們的意見。拜倫一家離開後，安娜貝拉不但和奥古絲塔一樣鬆了一口氣，也盼望拜倫回家

後有所改變。她以為肚子裡的小孩將要出生，拜倫的壞脾氣會有些改變。

　　拜倫和安娜貝拉的關係越來越糟糕，因為拜倫不愛她。可憐的安娜貝拉，無論怎樣努力去了解拜倫、取悅拜倫，都無濟於事。拜倫對別人說：「安娜貝拉的鎮定和自我控制的能力，使我厭惡。每次我生氣時，她都能控制自己，使我更加憤怒！」

　　他們的婚姻從開始就走錯了，他們的心不在一起，他們的愛永遠不可能在一起。他們雖然是夫妻，可他們的愛咫尺天涯。

永遠不相見

　　1815 年 12 月 10 日下午 13 時，安娜貝拉 —— 拜倫的夫人，生下了一個女孩。小孩被命名為奧古絲塔·艾達。然而，孩子的出生，並沒有給安娜貝拉帶來一點希望。即使拜倫很疼愛這小孩，他仍舊沒有因為小孩的緣故，而想挽回他們失敗的婚姻，反而對安娜貝拉越來越壞。

　　在極端失望的情形下，拜倫夫人考慮到一個可能 —— 拜倫會不會有點精神失常，才對她這樣？於是她積極地去搜尋拜倫精神失常的證據。

　　這一天，安娜貝拉接到了母親的信，信上說：

親愛的女兒、女婿，我誠心邀請你們帶著孩子來我這裡住幾天，
我很期待見到我那可愛的小外孫女。你們快點來吧，我已經為你
們準備好了一切，就連孩子的小床和小被縟都一起弄好了。

　　安娜貝拉拿著信高興地跟拜倫說：「親愛的，我的母親來信了，她邀請我們去她那裡住幾天，她也想看看小外孫女呢！」

　　拜倫連頭也沒抬就說：「你去吧，帶著孩子一起去。我沒有時間，我還要寫東西呢！代我跟他們問好。」

　　安娜貝拉很詫異地說：「你讓我帶著孩子自己回娘家嗎？我才生完孩子幾天啊，孩子這麼小，還沒滿月呢，你不陪著我們，我們怎麼去啊？」

　　拜倫說：「這一路都有車，要不然給你們找個保姆照顧。要

永遠不相見

去就趕快確定日期，最好就這幾天。這孩子天天哭鬧，我受夠了！快點離開，好讓我能安靜一下吧！現在我這裡也沒有什麼錢，債主在四處逼債，我也沒有多餘的閒錢養活你們了，說不定債主明天就會來這裡搬東西。趁著他們還沒來，你們快點走吧！我先去倫敦辦點事，然後再去找你們。」

雖然她同意了拜倫的意見 —— 先回娘家等候拜倫去倫敦辦完事，再一起搬到開銷較小的地方去居住。然而，她卻一再拖延回娘家的時間，以便證實她自己的假設。拜倫漸漸發現他的妻子正以一種憐憫和焦急的眼光注視著他，因為安娜貝拉確信拜倫精神出現了問題。拜倫對於妻子一向自以為是的樣子更厭惡了。

安娜貝拉回娘家之後，她的父母發現了她的異樣。她原來像蘋果一樣紅潤的面頰看起來異常蒼白；她原來肥圓豐滿的身體變得瘦弱不堪。她沉默不語，正表示著她內心的不幸。

她的母親問她：「安娜貝拉，你最近怎麼了？你怎麼變得這麼瘦弱，臉色也蒼白難看，到底出了什麼事？拜倫怎麼沒跟你一起來？你們之間發生什麼問題了嗎？快告訴我，是不是他把你折磨成這個樣子的？」

她盡可能不讓父母知道她和拜倫的情形。她含含糊糊地說：「我，我不知道該怎麼說。或許我根本不了解我的丈夫。他總是喜怒無常的，無論我怎麼勸說他都沒用。」

「他就像是被魔鬼附身了似的。發脾氣的時候格外嚇人，摔壞杯子是最正常不過了。有時候他甚至會拿刀子，說不知道刀子插進我的心口，血流出來是不是和葡萄酒一樣迷人。」

「我勸不了他，他總是說我沒有他姐姐奧古絲塔好。我做什麼

事情他都不滿意。雖然我愛他，可是我真的有點接受不了他瘋癲的樣子。我懷疑他的精神不太正常。」

她隨口說出了自己和拜倫之間的生活問題，馬上又後悔了，因為她知道她的父母不能像自己一樣饒恕拜倫。不過，話既然說出去了，也收不回來。

她的父母聽了女兒的這番話之後非常氣憤。她的父親說：「這是個什麼樣的男人啊！簡直就是瘋子啊！我可憐的女兒竟然被他折磨成這個樣子。」她的母親也說：「真是太過分了，敢對我的女兒這樣無禮。我早就說過，這個傢伙靠不住，真不應該同意把女兒嫁給他。」

她繼續說：「安娜貝拉，我可憐的孩子，這樣的男人不配做你的丈夫。他借債那麼多，還被債主逼得東躲西藏的。我們這樣的人家，我們這樣的身分，怎麼能和他這樣的『混混』攪在一起呢？！趕快離開他。你後半生的幸福一定不在他身上。不要再回去見他，除非他能到這裡來跟我們解釋清楚。」

安娜貝拉與一位精神病學專家研究後，唯一的希望也失去了，因為從安娜貝拉提供的資料中，找不出一點拜倫神經錯亂的證據。精神病學專家說：「尊敬的夫人，從您提供的資料，我們不能認為你的丈夫有精神類的疾病。因為從診斷學的標準來說，他不符合精神病確診的標準。」她也明白，唯一避免自己再受折磨的方法，就是和拜倫分居。

她聽從父母的建議，答應在一份要求分居的文件上簽字，但是，她極感矛盾和痛苦。因為她是愛拜倫的，她並不想離開他。可是拜倫不愛她，拜倫總是想盡辦法折磨自己。只有離開才能讓

自己的日子過得安穩一些。

當安娜貝拉家的朋友，把這一份分居協議書交給拜倫後，拜倫非常激動。他拿著信激動地說：「什麼，她要和我分居？她竟然要和我分居！這簡直太過分了！這，這一定不是真的，這是你們合起夥來騙我的吧？我要親自找到她，當著她的面對質！」

安娜貝拉的朋友說：「你不要這麼激動，安娜貝拉是不會再見你的，你已經把她的心傷透了！你當初那麼對她，沒有想到她會因此離開嗎？你還是放手吧，反正你也不愛她。再這樣下去，會給你們彼此帶來更大的傷害。」

奧古絲塔聽到這消息後，也曾寫信勸阻安娜貝拉：「我可憐的弟媳，我知道妳一定是受了莫大的委屈才決定這樣做的。我替他向妳道歉。我知道我的弟弟一定是不小心冒犯了妳，還是原諒他吧！我向妳保證，不會再讓他那麼欺負妳了！給他一次機會，也是給自己一個機會。孩子還那麼小，怎麼忍心讓孩子這麼小就沒有父親在身邊陪伴呢？希望妳慎重考慮和拜倫分居的事情，這對於你們的婚姻來說，是致命的決定。請三思！不要被其他人所蠱惑，我相信妳還是愛他的。」

安娜貝拉去意已決，她寫信給奧古絲塔說：「姐姐，你不要再勸我了。這麼長時間以來，我和他過的是什麼日子想必妳也是知道的。」

「他就是個瘋子、魔鬼！我拯救不了他，他天生就是魔鬼！我再和他待在一起也會被他拖入地獄的。我跟他過日子簡直生不如死。」

「他四處借債，債主逼得我們東躲西藏。我受夠了這樣躲躲閃閃的日子，我再也不想看見他拿著刀在我眼前晃來晃去。我相信，這是上帝的旨意，他要拯救我這個可憐的孩子。所以我必須離開他！」拜倫並不想和妻子分居，因為他想讓她為他再生下兒子繼承遺產。他給妻子寫下了這樣的信：

> 我能夠說的似乎是廢話，我已經說的一切恐怕也是無用的。然而在我希望的殘骸沉沒之前，我仍然死死抱住她不放。難道妳跟我在一起不曾有半點幸福嗎？難道妳從來沒有說過妳是幸福的嗎？難道我們之間不曾有過愛情，不曾有過最熱烈的相互恩愛的表示嗎？或者說，在一方面，而且常常是在雙方面，難道真的連一天也沒有發生過這種愛情麼？

他想得沒錯，安娜貝拉沒有被這樣的祈求打動，她堅持寸步不讓。因為她篤信宗教，她得到的是神的指引，所以她必須離開他。

1816 年 4 月 21 日，他終於簽署了同意與安娜貝拉分居的文件。

拜倫的初次婚姻就這樣失敗了。但是婚姻的失敗也不能完全指責拜倫。或許他是有過錯，他不應該為了結婚而選擇自己不愛的人。但是安娜貝拉也是有責任的，她在沒有確定自己和拜倫之間是否存在愛情的情況下就草率地和拜倫結婚了。

可是拜倫在失去安娜貝拉時又覺得她是那麼的可愛，原來自己的內心還是很眷戀她的。

第二次旅行

偉大的羅馬帝國的羅馬人，是從北歐的冰雪中嚮往著南方的陽光而南下的，他們是勇敢的人。

拜倫眷念南方也有很長的一段時間了。他從地中海旅行回來後，住在濃霧中的倫敦，拜倫在倫敦的家裡說：「這麼陰暗的冷天，不能寫詩！我想再到陽光燦爛的地方去！」

那裡有藍天碧海，成片的橄欖樹林，還有溫暖的陽光。而夜晚更美麗得不得了，清爽的夜空繁星點點，明亮皎潔的月光與之遙相輝映。這是他夢寐以求的南方。

清爽的湖畔的夏天，一到 9 月，就變成寒風陣陣的秋天了。到 10 月，阿爾卑斯山頂上積雪漸漸變得深厚，從山上吹下來的風已經帶有濃濃的寒意。怕冷的拜倫便催著霍布豪斯說：「走吧！」

10 月初，6 匹馬拖著拿破崙式馬車，轆轆駛過了瑞士山路。兩人之外只有一個忠實的僕人弗列查。

海風及浮動的船，勾起拜倫無限的回憶。然而，他明白這次的旅行已和前次截然不同 —— 他已改變了許多，而且也更成熟了。他雖明白自己的生命已達到某一階段，但是，並沒有預見到日後他將會有更成熟的作品出現。離開英國越遠，他越感覺到無限的自由。

這是 1816 年 4 月。連拜倫自己也沒有想到，他這一次是永遠地離開了英國，從此再也沒有回到故土。

到積雪的辛普朗山間的時候，拜倫和霍布豪斯照例想用小刀在岩壁上刻下名字，但是找不到合適的岩壁，無奈之下只好在紙片上寫下各自名字，藏在路旁的石頭下面，作為自己曾經來過這裡的見證。

越過山頂，眺望遠方，看到在腳下的北義大利平原和點綴在平原上的白牆屋舍，以及遍布在緩緩起伏的丘陵之上的葡萄田的時候，拜倫叫了起來：「義大利！我來了！」這喊聲充滿了興奮和激動。多少年來的魂牽夢繞的夢想，終於在這個時候實現了。

他們先來到了北義大利的首府米蘭。這時候義大利受奧地利的統治，已經被分割成幾個小國，臣服於外國的君主。他們呻吟在專制暴政重壓之下，米蘭人民過著被壓迫和被奴役的日子。

拜倫的同情心，從進米蘭城的那一天起就氾濫起來。他全力傾注於那些為民族解放運動戰鬥的愛國志士身上。這些為自由而戰的勇士們，組織各種各樣的祕密團體，進行推翻外國暴政統治的策劃。

拜倫這個時候寫的詩，常常是為民族獨立和個人自由服務的慷慨激昂的進行曲。他來到義大利的米蘭，對於米蘭愛國志士來說，是從天而降的巨大福音。而現在親身接觸到民族解放運動的拜倫也從中深刻地了解到民族解放抗爭的艱難和殘酷性，也對爾後他的詩歌創作注進了一股生氣勃勃的力量。

他之所以後來能夠成為歐洲大陸民眾解放運動的象徵，成為萬眾矚目的英雄，也正是由於他曾經來到革命爆發前的義大利，在這裡接觸到了在痛苦和窮困之中頑強抗爭的愛國志士。

第二次旅行

在米蘭，拜倫會見了當過拿破崙祕書的德·別爾，聽到了自己的偶像那位大英雄拿破崙的許多奇聞逸事。他特別感興趣的是關於拿破崙手下名將涅元帥的故事。

拿破崙失敗後，涅元帥以叛逆的罪名被槍殺於巴黎。他的妻子來到米蘭，叫石工在墓碑上刻下一句話：「36 年的光榮 ──一天的過失。」

在奧斯坦德上岸後，拜倫坐在拿破崙式的馬車裡，向比利時首都布魯塞爾進發。法國政府把他當作「思想危險分子」，不准他入境，他便想從比利時溯萊茵河到瑞士去。

來到布魯塞爾，他的馬車壞了，只好留在這裡修理。托這點福，我們今天才有了《恰爾德·哈羅爾德遊記》第三章第十七節以下關於滑鐵盧的詩。因為他利用修理馬車的時間去憑弔了滑鐵盧戰場。

他從本地的鄉民那裡買到哥薩克騎兵的馬，騎著馬去尋訪一年前的戰跡。他所崇拜的偉大英雄就在這片空曠而平凡的原野上，枉然斷送了半生的雄圖壯志。想起來，事業功名都是夢，榮譽名聲盡是空。

他想著打倒了一個獨裁者而又出現了幾個獨裁者的歐洲政局現狀。以暴易暴，古往今來的政治莫不如此。他掉轉馬頭，高唱著土耳其的軍歌回布魯塞爾去了。

沿萊茵河向東，他看見周圍到處都是拿破崙的遺蹟。那些運河、橋梁、道路、紀念塔等都刻有 NB 字樣，即拿破崙·波拿巴的縮寫。

看見萊茵河畔的古堡和田野裡的葡萄藤，他作了一首短詩，摘下路旁的鮮花，寄給奧古絲塔。

拜倫嚮往歐洲南方的溫暖，因此，他決定在日內瓦稍事停留後與霍布豪斯會合，再到他的目的地 —— 威尼斯。不過，他的原訂計劃仍然是要在時機成熟時，到地中海的東岸去。

幸福在威尼斯等待著拜倫的到來。就算不是拜倫，無論是誰，到了威尼斯的人也沒有感覺不幸福的。

拜倫到威尼斯的第一件事就是處理他的金錢。他希望能還清債務，他準備把在英國的房產紐斯臺德委託韓生律師賣掉，這樣他才有足夠的費用能在國外舒舒服服地生活下去。

這座城市熱鬧非凡的日子已經過去 300 年了。從 12 世紀至 15 世紀的 300 年間，它是東方各國和西歐各國進行貿易的中心。它作為握有地中海海權的大共和國而威震全歐，每年的財富輸出輸入達到 5,000 萬元的巨額，純利達到 2,000 萬元。當時的盛世在經歷過 300 多年之後依然在這座島上城市中留有遺蹟。

這裡的美景在拜倫看來都是新鮮的，美妙的景色讓拜倫目不暇接。378 座橋，150 條運河，裝飾著聖馬可廣場四周的總統宮殿、市政廳、大教堂、商店等。街道各處還有像宮殿一樣的富商宅邸。

這裡是水上的城市，駛過運河的小船可以平添不少旅行的樂趣；這裡溫暖的氣候以及用美妙的溫柔的聲音說話的義大利少女都讓拜倫非常著迷。

這裡沒有英國那種偽善和傳統習性的壓制，人們能充分體驗

到生活的歡樂。這裡有 8 個大劇場夜夜歡歌，讓人流連忘返。而且，他在這裡不像在瑞士那樣有許多英國人從對岸用望遠鏡來偷窺他的家。拜倫開始感覺到身心無限的自由。在他看來，這裡的一切都是詩、是畫、是美麗的樂章！

11 月 25 日他寫信給倫敦的墨瑞說：

> 威尼斯正使我得到我所預期的歡悅。而我是預期得很多的。我愛小船裡的昏暗的陽光，愛運河的沉默。市內的荒墟也不討厭。況且狂歡節快要來了。由於好奇心，我在學這個地方的方言。我感到完全的滿足。現在我連「滿足」也找到了。

在這個新的環境裡，拜倫沒有開始動筆，因為，他總是要等到遭受挫折或不幸時才有靈感，現在他卻生活在十分舒適的環境中。

在這裡，義大利人的愛情觀令拜倫驚訝和不可思議，在威尼斯，每個女人至少有一位情人。那些只有一位情人的女性被認為是貞潔的。他們每年都會舉行盛大的狂歡節。在狂歡節上，他們會交換情人來獲得快樂。

他們這種坦白而不虛偽的態度，比起拜倫的家鄉人 —— 英國人 —— 的情感來，更讓拜倫欣賞。因為英國女人大多數都不會承認自己有情人，有多個情人的女人會被人們認為是蕩婦。

他的心情在這樣的放鬆的環境中變得快樂起來，拜倫深陷在這種歡樂中不能自拔，長時間的紙醉金迷，讓拜倫的身體受不了了。他病倒了，這時他才反思，自己這段時間過得有點太荒唐了。

他雖然一直提到來年春天要回英國的事，不過，他仍舊認為他留在英國的時間 —— 尤其以最後一個月 —— 最為痛苦。

那時儘管奧古絲塔一再要努力地撮合他們夫婦和好，但拜倫卻向奧古絲塔表示：

我對她沒有任何怨恨，然而，我卻覺得受到嚴重的傷害。她是一個傻瓜，我只想對她作這樣的評語。

拜倫一想到女兒被安娜貝拉帶走，就更加對他的妻子不能諒解。

有一天，當他與霍布豪斯騎馬到鄉下去時，他們遇上了兩位鄉下女子，拜倫和其中一位已經結過婚的女子感情日增，但霍布豪斯卻沒有這種機會。

拜倫認識的這位女友叫瑪格利特·康妮。她的丈夫是一個脾氣暴躁的麵包師，這位康妮女士熱情而大膽，對拜倫和其他女人的關係一點都不嫉妒。而且，她很有自信，認為最後的勝利還是她的。

拜倫與霍布豪斯在義大利過得十分愜意。每日當河水漲高時，他們就坐著船在運河上緩緩划向遠方，去享受微風和夕陽的情趣；有時也騎騎馬。

春天的時候，拜倫的身體有所好轉，他接受了醫生的建議去了羅馬換換空氣，換換心情。在結束了和情人之間的關係之後，拜倫無所牽掛地去了羅馬。他在瞻仰偉大的羅馬建築葬地聖克羅采寺院時寫下這樣的詩來歌頌它：

第二次旅行

在聖克羅采寺院的神聖公墓，

偃臥著使它更加神聖的屍骨；

這些遺灰本身便是不朽的神物；

除卻往昔的記憶，一切化為虛無。

他們是崇高的巨人所遺留的渣屑，

而那些巨人早已沉入混沌的冥府。

米開朗基羅和阿爾菲愛裡都睡在此處；

燦如星斗的伽利略，連同他的苦楚；

馬基維利也在這裡返回他出生的泥土。

這四顆心靈，像四大元素一樣，

具有不斷從事創造的威力；

義大利呵！時光老人曾經委屈了你，

在你的黃袍上劃出一萬道裂隙。

但他過去不曾，今後也不會讓其他地方

出現「從廢墟裡躍出天才」這樣的奇蹟；

你的廢墟遺址仍然充滿著神力，

這神力給它鍍上金光，使它恢復生機；

你今天的卡諾瓦，和古代的大師們並肩而立！

　　他經過義大利北部的城市斐拉拉時寫下了〈塔索的哀歌〉一詩。在那裡還悼念了義大利詩人阿里歐斯多。

　　在羅馬，他依然像往常一樣騎馬遊歷。那個曾經稱霸歐洲的羅馬此時已經只剩下幾根圓柱和基石，一片瓦礫之間還有幾棵枯樹在風中堅強地站立著。這番殘敗的景象讓拜倫感慨萬千，他傷感地悼念著這個曾經強盛一時的帝國。他詩興大發，寫下了悼念羅馬的詩句：

從人類的全部歷史得出一條教訓：
一切都只是舊事的往復循環。
先是自由，然後是光榮，當光榮隱退，
便是財富、邪惡、腐敗，而歸於野蠻。

難捨難分的友情

難捨難分的友情

　　拜倫到日內瓦的時候，是 1816 年 5 月 25 日。走進旅館，在旅客簿上簽名的時候，年齡欄內，他寫著「100 歲」。

　　他在到達日內瓦的第二天，就去找一處能度過炎夏的別墅。8 天後，當他和波里托裡醫生從船上走下來時，正好克萊爾和她母親瑪莉及詩人雪萊也在附近，於是文學史上的兩大詩人，終於在日內瓦的湖上會面了。

　　拜倫這時候 28 歲，雪萊比他小 4 歲。雪萊當然讀過拜倫的作品。拜倫那時候也讀了雪萊的傑作《麥布女王》，因而了解他的詩才。

　　順便介紹一下雪萊。他也是英國浪漫主義詩歌的又一位偉大詩人，與拜倫堪稱「詩壇雙璧」。他們都外貌俊美、情感豐富，熱愛自由，敢反叛。他們都因個人生活遭受社會輿論攻擊被迫流亡，他們都英年早逝。他們的本人與詩作同樣具有浪漫色彩。

　　拜倫一見到雪萊就被他深深地吸引住了。拜倫認為雪萊是非凡的天才。他覺得雪萊是勝過自己的偉大詩人。雪萊那時候還沒有成名，而拜倫的名聲已經轟動了全世界。虛心而胸懷坦蕩的雪萊，完全承認拜倫的天才。謙虛的他，對於自己的天才沒有自覺，所以他從心底里敬重拜倫。

　　雖然他們剛見面時有些拘謹，可是一旦談到文學方面的事時，陌生的感覺就消失了。兩人暢談甚歡，幾乎忘記了時間。從此他們就結為莫逆之交。

雪萊在日內瓦郊外、萊蒙湖東岸租下農人的房子。拜倫隨後在他們房子的上方租下了叫做狄沃達蒂山莊的美好住所。他從 5 月至 10 月都住在那裡。

他們都熱愛思想，贊成自己的政治觀點。他們認為滑鐵盧戰役開始了仇恨反動的時代。

從這時候起，成為英國文學史上光輝一頁的兩大詩人的友情開始了。然而他們卻是那麼的不同，就像是一個在南極一個在北極一樣。但是或許就是這樣迥然的不同，才讓他們真正地發自內心相互吸引。

拜倫的特徵是像迪斯雷利所評論的「可驚地富於常識」。他本質上是現實主義者。他有著客觀地觀察現實社會的能力。所以他有一雙明察秋毫的慧眼，也有批評社會的力量和勇氣。這是他作為諷刺詩人超過蒲柏，作為人生批判的詩人而獨闖英國文壇的緣故。他也寫過浪漫詩，他也有浪漫主義的一面，但這和他的正視現實並不矛盾。

他在浪漫的時候，也不會損壞事物的客觀性。他有著非凡的實際活動能力，在風雲際會的時候可以扮演一齣偉大話劇的主角。

泰納評論說：

事實上，他如果做海盜領袖或者做中世紀擄掠武士的酋長，會更加適當些。除了在義大利時期的兩三篇詩以外，他的詩和行動，都像移植在近代社會中的古代北歐吟唱詩人。他在過於規律化的近代社會中，不能找到適合於他的位置。

難捨難分的友情

雪萊最愛說神。他以無神論者自命，但是像他那麼富有宗教情操的人是很少的。他努力想駁倒拜倫那種嘲世而懷疑的人生觀。在他看來，宇宙就是「美」，「美」存在於偉大的和諧中。他認為用「美」和人類內心的「善」去與物質、與社會戰鬥，便是人生的真諦。

可是拜倫認為，這種單純的孩子般的想法，不能成為改造人生的力量。在他看來，人類是惡的、醜的。他的心裡相信有神，他只是憤恨著神造出這麼壞的人，造出這麼醜的社會。

雪萊認為女性是美和善的化身。拜倫卻把女人當作令人厭惡的東西存在，他認為女人只不過是享樂的對象。雪萊傾慕女性，拜倫卻輕視女性。

雪萊的內心全沒有私慾、私利、雜念、肉感等。他被少女和少男所喜愛，孩子們常叫他「空氣的精靈」、「精靈大王」、「淘氣鬼大王」等。他又以「水的天使」這個稱號聞名。

雪萊總是以游離於現實之外的理想的形式存在著。他徹底地從純真和美的觀點去看人生。在他看來，「人之初，性本善」。從現實生活看來，再沒有像他那樣「缺少常識」的人，同時，也很少有像他那麼美、那麼清純的人。他真的就像不小心墜落凡間的天使一樣讓人憐愛。

然而他們傾談著，不知道疲倦。藝術家的雪萊，雖然一時難以接受拜倫那些尖刻的意見，但是又不得不陶醉於他的文章所表現的美。

雪萊少年般的純真感情刺激了拜倫，使他不由得詩意大發。他由於這位天才的刺激，覺得內心的創作情緒像清泉一樣奔湧出

來。因此，他在滯留萊蒙湖畔的不長的日子裡寫出了許多名篇。

他和雪萊共同買了一艘小烏篷船，去探訪環湖的城池。對岸的洛桑不正是傑出的歷史學家吉本編纂《羅馬帝國哀亡史》的地方嗎？他們結伴到吉本的故居去遊覽。

拜倫想像著吉本完成了 23 年的大業，寫完最後一頁的最後一行文字之後，走出庭園，仰望星空，注視湖水和那些有名的刺槐樹的情景，便覺得心潮澎湃，摘下幾片刺槐樹的嫩葉小心地藏在懷裡。

雪萊卻覺得對吉本的尊敬已超過了比他更偉大的其他人，這樣做似乎有些不妥。他在想著日內瓦市內盧梭的墳墓。

他們又去看對岸蒙特勒附近的錫雍小島 —— 實際上是一塊岩石。在島上至今依然存在的古堡中，曾經囚禁過瑞士的愛國志士龐尼瓦。

拜倫看著這個陰慘的土牢，想起為民族自由而受苦一生的戰士，不由得感慨萬千。他覺得自己也應該像他那樣，為民族解放運動貢獻點什麼。當然，他不希望他貢獻的僅僅是慷慨激昂的詩篇，他還希望能真正地像拿破崙將軍那樣，征戰沙場，為民族解放流血犧牲。

拜倫回到家裡仍然思緒萬千，他一夜間寫成了著名的〈錫雍的囚徒〉：

> 我的頭髮已灰白，
> 但不是因為年邁，
> 也不是像某些人那樣驟感憂惶。

難捨難分的友情

一夜間變得白髮斑斑，

我的肢體已佝僂但不是因為勞累，

漫無盡頭的歇息耗盡了活力，

是地牢的囚居把它摧毀。

因為我一如其他的死囚犯，

注定與明天的天地絕緣。

身上戴鐐銬，門上有鐵欄。

僅僅是因為我父親的信仰，

我就在這裡受禁，渴望死亡。

我的父親在烙刑之下死掉，

因為他不肯放棄自己的信條，

也是因為同樣的緣故，

我們全家身陷囹圄。

我們全家七個人，現在只剩一個人。

六個年輕的，一個是老年。

立場始終如一，從未變心。

你磅礡的精神是永恆的幽靈！

自由呵，你在地牢裡才最燦爛！

因為在那裡你居於人的心間 ——

那心呵，它只聽命對你的愛情；

當你的信徒們被帶上了枷鎖，

在暗無天日的地牢裡犧牲，

他們的國家因此受人尊敬，

自由的聲響隨著每陣風傳播。

錫雍！你的監獄成了一隅聖地，你陰鬱的地面變成了神壇，

因為伯尼瓦爾在那裡走來走去，

印下深痕，彷彿你冰冷的石板。
是生草的泥土！別塗去那足跡，
因為它在暴政下向上帝求援。

拜倫這首詩就是從一家革命者被迫害寫起，把瑞士這位愛國志士家庭被迫害，妻離子散、父亡母逝的悲慘境地描寫得非常生動；把他們在監牢裡受盡折磨，有的甚至被迫害致死的場面寫得非常逼真；寫他們沒有畏懼沒有退縮，依然堅持信仰、堅持民族解放運動的決心是那樣決絕。

拜倫是發自內心地崇拜他們，拜倫在詩句的字裡行間中對他們表達了無限敬仰之情。或許拜倫從這個時候起，就有一種想法，也要在將來像他們一樣為希臘的民族解放運動貢獻力量。這就是拜倫經多年的遊歷而真實有感而發的文章。

寫完了這首詩之後，拜倫聽雪萊說：「您應該讀一些英國湖畔詩人華茲華斯的詩。他的詩可以讓你變得安靜和平和。你平時脾氣太急躁了，你也總是覺得世人都是邪惡的。你應該多看看好的詩文，多接觸善良的人，那樣你或許能發現一個不一樣的世界。你總是在自己的世界裡看問題，很容易讓自己陷入泥潭。」

拜倫說：「我不屑讀他的詩。我覺得他那樣的詩人寫的東西溫暖得像春風一樣，一點也不適合現在這樣的國內形勢。他寫的東西是給那些生活安逸的富商們看的。而那些生活在社會底層的人們是需要激昂的文字讓他們覺醒和爆發的。」

雪萊說：「或許你應該看看他的詩，因為你需要了解英國全部的東西才能更好地進行創作。」

難捨難分的友情

拜倫說：「好吧，也許你是對的，他的詩是應該好好看看。就算是真覺得不好，也能從中了解到追捧他的人是為什麼追捧他。或許我確實太犀利了，應該改改脾氣，要不然和你這樣『天使精靈』一樣的人待在一起都有點格格不入了……呵呵！」

拜倫聽從了雪萊的建議，開始讀英國湖畔詩人華茲華斯的詩篇。拜倫曾在年輕時寫的《英格蘭詩人和蘇格蘭評論家》中痛罵過華茲華斯。但是，飽嘗了人世酸辛，感受了眾生之相之後，在這幽靜的湖光山色之間，他才在華茲華斯溫柔的作品中，感受到內心的沉靜。

創作《曼弗雷特》

　　一部藝術作品總是產生於給肥沃的土壤追施肥料的過程。在拜倫這裡，肥沃的土壤是現成的，土壤裡有著烈火的雄心壯志。在他一直壓抑的感情裡，早就缺少那樣發洩的窗口。

　　當詩人馬修‧路易斯來看拜倫，把歌德的《浮士德》翻譯給他聽時，拜倫驚呆了。浮士德的疑惑不正是自己的疑惑嗎？魔鬼靡非斯托非勒斯的契約不就是自己的契約嗎？而純潔的瑪格麗特的墮落不是也在自己身邊發生過嗎？

　　過去一年中，日夜被內心的魔鬼煎熬的拜倫，這時頭腦裡忽然湧起一個偉大的想像。對著阿爾卑斯山的群山峻嶺，他內心的詩意像發酵了的美酒一樣飄香四溢，像洪水決堤氾濫到各個角落，從他的心裡一直衝到了紙上。他決定要寫一部詩劇，這將是一部偉大的著作。《曼弗雷特》就是在這樣的背景下誕生的。

　　他一邊旅行一邊花了 20 天時間，寫了劇中的兩幕：

曼弗雷特是阿爾卑斯山中一座城堡的世襲貴族，他性情孤傲，富有，博學，還研習魔法。他為自己曾經犯下的一樁彌天大罪而整天遭受著心靈痛苦的折磨。

在詩劇的第一幕，他像浮士德一樣在沉沉午夜喚來大地、海洋、空氣、黑夜、山、風等精靈，試圖謀求忘卻，忘卻他自己，忘卻他心中的一切。

但是，精靈們雖然能夠給予他「王國、權力、力量和長壽」，卻無法滿足他要忘卻的願望。精靈們甚至告訴他可以去死，但死能

創作《曼弗雷特》

不能帶來忘卻。精靈因為自己是永生的，並不能給出令他滿意的答覆。

他曾站在阿爾卑斯山少女峰的巍峨之巔試圖自盡，也曾到阿爾卑斯山幽深的谷地尋求魔女的幫助；最後，地獄之王阿里曼涅斯從墓穴中為他喚來死者阿絲塔忒的幽魂。

原來，曼弗雷特痛苦、絕望的祕密就在阿絲塔忒身上。他告訴阿爾卑斯山的魔女：「我愛過她，也毀了她！不是用我的手，而是我的心；我的心使她的破碎了；她的心凝視著我的心，凋萎了。」他要親自詢問已故阿絲塔忒的幽魂，他是否已得到了寬恕。

然而，即使地獄之王的幫助也是徒勞的。面對阿絲塔忒亡魂的沉默和嘆息，曼弗雷特最關心的問題「是寬恕了我，還是責備我」並沒有得到回答。其實，曼弗雷特的這種痛苦和絕望，也正是詩人拜倫的痛苦和絕望。因為在某種程度上，阿絲塔忒就是根據拜倫愛戀的同父異母的姐姐奧古絲塔為原型而創造的。

後來，逐漸從地底，從空間，從風中，從星辰的家鄉，出現了各種精靈，催問他：「你對我們有什麼要求？」

曼弗雷特只有一句話：「我要忘掉我心裡的一切。」

7 個精靈齊聲回答說：「我們所有的東西 —— 臣民、王權以及指揮『四大五空』的神力 —— 都可以給你。但是，你所要求的『忘卻』 —— 忘卻自己的力量，卻在我們的權限之外。」

這是曼弗雷特的苦惱，也就是拜倫的苦惱。他不能忘記可愛的姐姐，不能忘記從安娜貝拉那裡受到的傷害。他痛苦得要死，但是他又必須活著。

他於是寫下曼弗雷特曾經縱身躍下阿爾卑斯的懸崖而被獵人救起，連死亡他也不能得到。他必須要一直凝視著自己內心的苦

痛，而走完地上的生命路程。他去大地和天空的神王那裡，要求讓他死去的妹妹阿絲塔忒活過來再會。她的幻影出現了，只叫了一聲「曼弗雷特」，又消失了。曼弗雷特就是拜倫的化身，他所經歷的艱險就是拜倫所經受過的。

這樣，他日夜苦惱著。在這簡單的情節中，用熱情奔放的筆觸，描寫出阿爾卑斯山的暴風和崩雪，冰河和危崖等。貫穿於整個詩劇的思想就是「自我」，就是曼弗雷特的強烈個性。罪惡是我的罪惡，悲哀是我的悲哀，苦惱也是我的苦惱。而最後，古堡高樓上曼弗雷特的死也是「我的死」。他拒絕了這時出現的老僧勸他懺悔以便進入天國的說教，更斥罵了魔鬼對他的歡迎。

他對魔鬼說：「和你比起來，我的罪惡算得了什麼？難道罪惡必須由另外的罪惡、由更大的罪犯來懲罰嗎？」

「只有我自己才能毀滅我自己。」這樣說著，他便死去了。他不肯借助神力到天國去，也不肯把靈魂交給魔鬼到地獄去。直至死他都是特立獨行的。

這是徹底的個人主義者的死，直至最後也不和宇宙任何東西妥協的「自我」—— 自我的意志。

《曼弗雷特》是拜倫思念姐姐奧古絲塔和怨恨妻子安娜貝拉的產物，這是拜倫難以啟齒的祕密。只有透過詩劇中的人物曼弗雷特之口才能表達出這種痛苦。因為他愛了不能愛也不該愛的人。阿絲塔忒和奧古絲塔的形像在他腦海裡重疊，就算是死去，也不能阻止這些痛苦的侵襲。

《曼弗雷特》的完成讓歌德也激動不已，他說：「我苦於找不到讚賞他的天才的言辭。」這也是對拜倫比較高的評價。

「拜倫式」英雄

拜倫式的英雄，這類人物的思想和性格具有矛盾性：一方面，他們熱愛生活，追求幸福，有火熱的激情，強烈的愛情，非凡的性格；敢蔑視現在制度，與社會惡勢力勢不兩立，立志復仇，因此，他們是罪惡社會的反抗者和復仇者。

另一方面，他們又傲世獨立，行蹤詭祕，好走極端。他們的思想基礎是個人主義和自由主義，在抗爭中單槍匹馬，遠離群眾，而且也沒有明確的目標，因而最後往往以失敗告終。

拜倫筆下最著名的拜倫式英雄要屬《海盜》中的康拉德。拜倫是根據他部分的生活經歷創造的這個人物。他是一位彪悍、奇特而又孤獨的人。

他不是拜倫，他是一位海盜首領。他和拜倫不同，因為他有很好的決斷力和執行力。這是拜倫身上不具備的特質，所以拜倫把自己身上不具備的優良特質都安排在康拉德身上。

他身強力壯，他皮膚黝黑，他的外貌和拜倫完全相反，但是他們的性格上有類似的地方。拜倫在發怒的時候就是康拉德。

康拉德就是拜倫創造的完美的自己，他是英雄，但是他是被女人欺騙了的「惡人」。所以他當了海盜首領。

但是他對女人的愛情卻是執著的，他和愛人梅多拉的愛情悲劇讓人感動。這是一個為了愛情而活著的人，他身上有著熾烈如火的感情。這也是拜倫的愛情哲學。這也是對當時肉慾橫流的社會最強烈的批判。

儘管康拉德是個惡人，但是他最重要的特質是給戀人的最真摯的感情。他表達的愛意是這樣的：

我對你的愛，就是對人們的恨；
因為愛上了人類，就不能專心愛你。

這是一種愛到極致的人！他在一座海島的懸崖上面築起高塔來安置他的愛人，然後獨自一人去和官軍戰鬥。很不幸的是他成了俘虜，但是在敵軍女奴的幫助下，他又逃了回來。

一個海盜最後能夠放棄財富遠走他鄉，而讓他放棄一切的，只是愛人梅多拉的自殺。這樣的悲劇讓人們扼腕嘆息！

《海盜》中拜倫這樣塑造了一個海盜的形象：

我的海盜的夢，
我的燒殺劫掠的使命。
暗藍色的海上，
海水在歡快地潑濺。
我們的心如此自由，
思緒遼遠無邊。

這裡的「海盜」是自由自在的、內心愉快的人。儘管他燒殺搶掠，但是，他覺得自己的人生很自由。

廣袤啊，凡長風吹拂之地、凡海波翻捲之處，
量一量我們的版圖，看一看我們的家鄉！
這全是我們的帝國，它的權力橫掃一切，
我們的旗幟就是王笏，所遇莫有不從。
我們豪放的生涯，在風暴的交響中破浪，

「拜倫式」英雄

從勞作到休息，盡皆歡樂的時光。

這美景誰能體會？絕不是你，嬌養的奴僕！

你的靈魂對著起伏的波浪就會退縮。

更不是你安樂和荒淫的虛榮的貴族！

睡眠不能撫慰你，歡樂不能感染你。

誰知道那樂趣，除非他的心靈受過創痛的洗禮……

這些詩句說的是身為「海盜」生活的自由自在，充滿了快樂。但是這種快樂是經歷了很多危險和傷痛之後才得來的，非常來之不易。

接下來，拜倫的筆鋒一轉，又開始記錄海盜的戰鬥生涯。

我們不畏死亡——寧願與敵人戰死一處，雖然，沒能壽終正寢

會讓人略覺遺憾。

來吧，隨上天高興，我們攫取了生中之生，

如果倒下——誰在乎是死於刀劍還是疾病？

讓那些爬行的人去跟「衰老」長久纏綿；

讓他們黏在自己的臥榻上，苦度年歲；

讓他們搖著麻痺的頭顱，喘著艱難的呼吸；

我們不要病床，寧可靜躺在清新的草地上。讓他們一喘一喘地咳

出自己的靈魂吧！

我們只在一剎那的疼痛中超脫出肉體，

讓他們的屍首去炫耀墳穴和骨灰甕，

憎恨他一生的人會為他的墓座鑲金，

而我們的葬禮將伴隨珍貴的真情之淚，

由海波撫蓋、收容下我們的軀體。

接下來拜倫寫了戰鬥之後的海盜有的死去、有的受傷的場景。這

讓剩下活著的海盜傷心難過。

即便是歡宴也會帶來深心的痛惜，

在紅色的酒杯中旋起我們的記憶，

呵，危難的歲月最終化作簡短的墓誌銘，

勝利的夥伴平分寶藏，但卻潸然淚下。

那一刻，回憶讓每一個同伴垂首誌哀，

那一刻，倒下的勇士得以欣然長辭。

《海盜》手稿交給墨瑞之後，很快出版了，這本書深受讀者歡迎，在發行當天就賣了 13,000 冊。這對於一首詩來說是前所未有的發行量。這首詩給人們帶來的不僅僅是離奇的故事，更重要的是它帶給人們情感上的共鳴。

人們發現，個人和社會永遠是處於衝突狀態，可是人們誰也沒有勇氣真正地與之抗爭。一個多世紀以來，他們都沒有像康拉德那樣像一個真正的男人那樣掙脫束縛。

他們都非常欣賞康拉德這樣的人物。《海盜》的影響力和影響的範圍之廣讓人難以想像，上到年邁的船長、商人、法官，下到普通商販、男女青年都爭相閱讀《海盜》。

《海盜》讓拜倫的叛逆發揮到了相當高的水平，使拜倫一躍成為叛逆詩人。但是，《海盜》一書在出版時附上了 8 行與之毫不相干的詩，這就惹惱了攝政王，因為那 8 句是抨擊攝政王變節的短詩。他雖然遭到托利黨貴族的攻擊，卻贏得了一般民眾的同情。

他的名聲如日中天，海盜康拉德變成了民眾的偶像。他的詩篇流傳到歐洲各國，人們把拜倫筆下的康拉德視為英雄。拜倫也成為引導世界民族解放運動的領袖。

義大利詩人的影響

在義大利生活和義大利精神對拜倫的影響下，使普通英國詩人拜倫一下變成了偉大的世界詩人。這也是拜倫在世界範圍內產生巨大影響力的原因之一。

拜倫前次旅遊地中海的時候，已經學會了義大利語和希臘語。這次來到威尼斯以後，他的義大利語的知識更是與日俱增，這樣他可以經常閱讀義大利的作品。在這些義大利作品中，有 3 位詩人對他有比較大的影響。

第一個是義大利的詩人卡斯蒂。拜倫在寫《別波》以前，讀過卡斯蒂的小品故事詩集 48 篇，他熟讀到差不多能夠背誦的程度。那是假托著故事來攻擊揶揄當時的政治和社會生活的文章。他和拜倫同樣是一個叛逆者，他們同樣用手中的筆在痛斥著當時政府的腐朽統治。

拜倫在心靈深處和他是一樣的人。拜倫看了這本詩集很感動。特別是義大利詩人卡斯蒂擁有拜倫身上沒有的那種義大利人的平和。

拜倫的憤怒像火一樣，拜倫的憎惡像蛇一樣，拜倫的咒罵像毒箭一樣。他的諷刺詩代表作《英格蘭詩人和蘇格蘭評論家》痛罵過騷塞和其他湖畔派詩人以及托馬斯‧穆爾，諷刺詩的文字各個都辛辣刺骨。

他之所以有著那麼激進和辛辣的筆法，是因為他生在英格蘭，長在蘇格蘭。這樣的血統、這樣的生存環境讓他有著沉痛、

認真、直率的性格，可是他缺乏回頭四顧、莞爾一笑的諷刺、反語和諧謔，缺乏用微笑置敵人於死地的功力。

他讀卡斯蒂的小品敘事詩，看見了卡斯蒂那種淡定而笑，揶揄諷刺，以樸實平易的日常用語，像閒談一樣剖析深刻的人生問題的冷靜風格。

不正面攻擊而側面取笑；不紅臉憤恨社會的惡，而以三分鄙視伴著寬恕。不作高高在上的獅子吼，而用小茶室中閒談式的手法諷刺和挖苦。這是卡斯蒂所教給拜倫的。

把事件正面地、平靜地描寫出來，不要只是怒吼，而是把舞台裡面的機關暴露出來，讓人嘲笑和憐憫統治者的愚蠢。拜倫深深感到這是很有效果的方法。這種平和的諷刺的幽默更容易被人接受而且會印象深刻。所以他寫《別波》，便努力使用平靜的閒談般的態度，來揶揄人類和社會，而把他的真實的心意留給讀者去思索。

《別波》節選：

> 我們知道一切天主教國家都興起過懺悔日，
> 而早在那個懺悔日前的幾個星期，
> 信徒們都狂歡後再準備齋戒，
> 也好等到懺悔時有懺悔的事。
> 不論貴族還是平民也不分行業，
> 人人都在吃喝玩樂包括跳舞。
> 還有其他花樣，
> 只要你想得出！

義大利詩人的影響

這幾句就是在諷刺那些基督徒們表面上篤信上帝，實際內心卻荒淫無恥；他們是先做錯事，然後再懺悔。這樣的諷刺的手法，語言充滿了幽默感，也很生動地抨擊了那些所謂的「教徒」。這就是他語言風格從犀利轉向幽默的一個體現。

《別波》的另一段也是採用了類似的寫法，把貴族們紙醉金迷的
生活嘲笑一番。
還有各國奇裝異服，
各式各樣面具，
古如希臘羅馬，
今如美國印度。
小丑和花臉使出渾身解數，
土耳其和猶太服也輝煌炫目，
什麼服裝都可以，只要你想得出。
除了一樣，千萬別打扮成傳教士，
這些國家，
切不可和神父開玩笑，
自由思想家們，
請記好這一條。
這個節日叫做狂歡節，
可它的意思是與肉食告別！

卡斯蒂的名篇〈動物的宮廷和議會〉這首政治諷刺長詩，教給拜倫攻擊社會制度的新的寫作方法，他在《唐璜》裡面運用得十分得心應手。

尤其是卡斯蒂題為韃靼詩的長篇詩體故事，對《唐璜》的影響更大。唐璜受俄國女皇葉卡捷琳娜二世的寵愛而變得神經衰弱

的情形，差不多和轡粗詩異曲同工。《唐璜》第七章「伊茲梅爾包圍戰」中表述的拜倫的反戰論，表現出和卡斯蒂同樣的意圖。

殘酷的愛情和詭譎的戰爭，

> 詩人們怎麼說，我已經記不清。
> 但不管如何，它和事實倒相符；
> 兩者都為我歌唱，但我要先攻破
> 一座守得**轟轟**烈烈的名城。
> 俄軍正從水陸兩面朝他開火，
> 攻城是由蘇瓦洛夫擔任指揮，
> 他嗜好鮮血，有如郡長吸食骨髓……

上面的詩句就是第七章的部分節選。這樣大膽的寫法，深得卡斯蒂的真傳。再看第八章，他寫道：

> 嗚呼，火海和霹雷，肉泥和血腥，
> 文雅的讀者啊，
> 這些常見的咒語，
> 非常刺耳，實在不適合你們傾聽！
> 但光榮之夢就此揭開它的謎題，
> 而這一類事情也正是我的繆斯所要唱的歌。
> 那就允許他從這裡獲取靈感吧，
> 無論它叫什麼，
> 馬爾斯、別隆納……
> 總之它叫戰爭！

在熱愛自由和憎恨專制統治方面，兩人是有統一的意見的。不同的是，拜倫以英國人的大膽著稱，他敢自己正面攻擊敵人；

義大利詩人的影響

反之，卡斯蒂由於長期生活在沒有言論自由的專制制度下，他有著受政治壓迫的人的共同特點──膽小。他沒有與敵人正面作戰的勇氣，而且缺少拜倫那種英雄的氣魄。拜倫從卡斯蒂學到的祕訣，是跟著莊重而純真的筆調之後，突然筆鋒一轉，寫出意想不到的趣味，使讀者痛切之後感到整個事情的滑稽味道。

我們可以在《別波》尤其是《唐璜》中發現，受到義大利詩人的影響之後的拜倫的作品，已經不像《恰爾德·哈羅爾德遊記》那樣，讀來讀去，有著單調、平凡、使人感到厭倦的缺點。他學會了把憤怒和歡笑、憎恨和同情巧妙地交錯起來展開在讀者面前的手法。

受到卡斯蒂影響的拜倫，不得不進而趨向義大利諷刺詩的鼻祖浦爾契。浦爾契是聚集在佛羅倫斯宮廷裡的許多文學家之一。他的長詩，是用來娛樂君主和宮人的作品。

但是他在寫作技巧上超出俗流，對拜倫的作風有很大的影響。他使得拜倫緩和了對人生、對敵人的直接攻擊，在諷刺詩中混進三分幽默和遊戲態度，加上一點寬容和溫情。從此以後，拜倫的諷刺詩便擺脫了向來的狹隘和偏激，加進了同情和幽默，增加了讀者的普遍性，從而產生了超越民族、超越時代的不朽的詩篇。

第三個對拜倫產生深刻影響的是勃尼。他的流麗典雅的詩體，使拜倫的詩風變得更加華貴豔麗，這才產生了《唐璜》那樣宏偉的篇章。

總之，義大利作家以他們的明朗、和平、同情、幽默，緩和了拜倫如秋風掃落葉般的無情，使他那北國的狹隘的胸懷舒展

了。拜倫學會了用反語代替痛罵，用揶揄代替憎惡，用自由自在的閒談趣味去代替形式主義，用千變萬化的語言模式去代替激烈、刺激的語調，用俗語和比喻去代替空泛的大道理的說教，用人類最廣博的愛去代替英國至上主義的影響。

在他天生的英雄氣魄之上，又加上了義大利的溫情；在加爾文教的嚴酷之外，又加上了古代希臘學者的寬容。在他的年齡增長的同時，他在藝術上也逐漸走進渾然純熟的境地。恰爾德‧哈羅爾死去了，唐璜生長起來了。

帶病堅持寫作

1817 年 12 月 10 日，拜倫得到一個非常令他高興的好消息。紐斯臺德莊園終於以 94,500 英鎊的高價，賣給他在哈倫公學時的同學。此時拜倫總算鬆了一口氣，知道自己在國外的生活將不成問題了，他有足夠多的錢來遊歷，而且那些錢足夠負擔自己和雪萊以及雪萊女兒的生活。於是，他立即寫信給雪萊，答應養育雪萊的女兒，並且叫他們盡早把她帶到義大利來。

1818 年，新年後的第七天，霍布豪斯和拜倫做了最後一次的騎馬活動。第二天早上，霍布豪斯動身回英國，並且把拜倫的一些手稿帶給墨瑞。

臨行前，拜倫握著霍布豪斯的手，有點戀戀不捨地跟他告別。他想讓霍布豪斯知道，自己本來是一個很重感情的人，可惜他的感情都被別人揮霍光了。

霍布豪斯同情地望著他，讓他多保重自己。然後他就繼續自己的行程。霍布豪斯離去沒多久，拜倫因為跟著人們終日狂歡，不小心染上威尼斯社交圈的惡疾 —— 淋病。

拜倫覺得與英國比起來，義大利的物價還是比較便宜，因此他在威尼斯的莫西尼哥租了一棟房子定居下來。3 月 11 日，雪萊和瑪莉帶著克萊爾和拜倫的私生女愛莉加到了義大利。

5 月 2 日，愛莉加便和護士住進拜倫的新居，拜倫很快就喜歡上了這個小女孩。除了收養愛莉加外，拜倫還僱了一大批僕人，並飼養了一些動物。

他的僕人都是當地的義大利人。他飼養的動物呢？據他寫給他喜歡的歌劇明星道格拉斯·肯內耳的信中說：「我有兩隻猴子、一隻狐狸、兩只大猛犬⋯⋯」

霍布豪斯離去後，拜倫幾乎和英國人斷絕了來往。他的名聲卻為他吸引來一大批義大利的婦女。雖然他日漸肥胖，卻仍舊對她們有極大的吸引力。這些婦人們為他而爭風吃醋的事，整條運河都知道了，自然他也成為運河船伕們的話題。

英國人到威尼斯來旅遊時，都有一股強烈的好奇心 —— 想看看拜倫，甚至不惜賄賂拜倫的僕人，以求一見拜倫。因此，拜倫在義大利的社交圈裡，盡量避免和英國人見面談話。不過，除了這些小困擾外，他在威尼斯的生活還是頗為愉快的。

拜倫在威尼斯的時候得了很嚴重的疾病，他在生病期間堅持寫完了《曼弗雷特》的第三幕。這一幕因為缺乏像歌德那樣大段的超自然題材的東西而筆墨甚少。例如：

兩位聚靈就站在天國大門前，
這裡是中立區，猶如東方的陰陽檻。
死神之偉業在這裡爭辯，
以決定亡靈上天國還是歸撒旦。
魔鬼說：
我要向你證明，他生前崇拜我，
死後也應當為我盡忠。
雖然他不貪戀美酒女色，
而得到你和那些傢伙的愛寵。
但他君臨萬民也只為把我供奉。

帶病堅持寫作

不過從理論上說，曼弗雷特和死神的對話還是讓人們耳目一新。其實這一幕的靈感來自拜倫和修道院院長的交談。在結尾的時候，因為受雪萊的影響，拜倫在結尾採用了一些形而上學的哲學觀點來處理。

天主教牧師主動為他懺悔並且寬恕了他，但是，曼弗雷特卻回答他說：

> 長老！聖人沒有權力，
> 禱告者沒有魅力，
> 也沒有懺悔的形式……

在雪萊的影響下，拜倫開始進行形而上學的思考。就這樣，他第一次努力把自己不可戰勝的有罪感，同那種摒棄地獄和懲罰的正統觀念的懷疑論哲學融為一體。

透過奇妙的拜倫式解決方法，他設法將自己一個人，轉變為體系的中心、體系的整體。唯有拜倫曾是拜倫的誘惑者；唯有拜倫會嚴懲拜倫身上的拜倫；唯有拜倫是拜倫的摧毀者，將是未來世界的拜倫。

拜倫把曼弗雷特看作是自己的化身，他就是魔鬼，他就是地獄。他不害怕死亡。在劇本的最後一幕，曼弗雷特對長老說：「長老！死並非如此困難。」這就是表明他勇敢的不畏死亡的生活態度。

這第三幕充滿了哲學思想，很多人並不能真正體會其中的含義。如果真的了解「形而上學」的哲學觀點，「形而上學」是指與辯證法對立的，用孤立、靜止、片面的觀點觀察世界的思維方

式。它把事物看成是彼此孤立、絕對靜止、凝固不變的，看不到事物的相互連繫，忘記了它的產生、消滅和運動，把變化僅僅歸結為位置移動和單純數量的增減，視為外力推動的結果。

我們不對拜倫的這種哲學觀點的正確與否作出評價，但是我們要說的是，這首詩的整個道德寓意就在「死不困難」這句話中。

我們能從這首詩了解到，拜倫就是這樣一個人：他很勇敢，不願逃避生活；但是他很疲乏，所以也不害怕死亡。他總是想到死亡，甚至在這不常見的狂歡節中也是如此。

這第三幕是他在疾病中完成的，因此他付出了比前兩幕更多的艱辛。但是劇本在 1817 年在英國出版時，引起了人們對奧古絲塔的猜測，因為她和拜倫的關係就像文章中曼弗雷特和阿絲塔忒的關係一樣。

因為這簡直就是公開承認了自己和姐姐奧古絲塔的不正當的姐弟關係，這讓奧古絲塔也很苦惱，她不知道在人們問起她時該怎麼回答。拜倫的夫人寫信告訴她說：「你只能以堅定的、不贊成的措辭談論曼弗雷特。」

《唐璜》永不朽

拜倫開始專心寫他即將要公之於世的一本滑稽敘事詩《唐璜》。他之所以選擇這個傳說中的無情花花公子作為他故事的主角，是有著叛逆性的意義，並覺得這樣做可以加強文章中的諷刺意味。

唐璜本是十四五世紀西班牙傳說中的人物，是出名的引誘女性的花花公子，最終的命運是被石像帶入地獄。許多作家以此題材進行創作，如法國喜劇家莫里哀寫了喜劇《唐璜》，德國小說家霍夫曼寫了小說《唐璜》，俄國詩人普希金寫了小悲劇《石客》。拜倫筆下的《唐璜》，除了保留原傳說的姓名、貴族出身、傳說中某些性格特點外，呈現出截然不同的風貌。

因為，他想要藉著文章，對唐璜的無情做一次辯解。他認為唐璜之所以有這種個性，不過是環境所造成的罷了。而拜倫能順利地寫成《唐璜》第一篇，不得不歸功於他處在義大利這個充滿了滑稽劇的自由環境中，以及他自己所接觸到的義大利婦女的放蕩性情。

11月17日，拜倫在他的遺囑中添了一條附錄，留下500英鎊給愛莉加，並且委託韓生先生把一封信交給霍布豪斯和肯內耳，授權給他們，請他們替他處理債務和經營一切財務。

在這同時，他把《唐璜》一書的第一篇稿子寄給英國的朋友，著急地等待著他們的回音。

霍布豪斯和戴維斯看了稿子以後表示：「我們讀它的時候，一直說：『這不可能被讀者和評論者接受！』但是，在我們說不可能的時候，也充滿了對你的才智、詩意，以及諷刺意味……的仰慕！」

　　他們擔心這部作品出版後，對拜倫在威尼斯的某些不好名聲產生肯定和誇大的渲染。霍布豪斯覺得詩中所說的和拜倫的生活太相近了，而建議他刪改。然而，他也承認，必須刪改的部分，卻又是拜倫才華發揮得最好的地方。

　　墨瑞的信也寄來了，他似乎很聰明，有意迴避直接批評這部作品，只是一再讚美地說：如果拜倫能將《唐璜》書中的不雅部分刪除，他的天才將更能為讀者所欣賞。然而，他卻不為其所動，執意要原封不動地出版《唐璜》的第一篇。

　　在《唐璜》中，拜倫的諷刺藝術達到頂峰，辛辣尖刻的政治諷刺、詼諧俏皮的嘲弄嬉笑與優美熱情的抒情結合完美。

　　《唐璜》全書一共 16 章，16,000 多行，它的長度也是世界詩壇上屈指可數的。而由於內容的廣泛和多樣化，更使它居於世界文學史上特殊的重要地位。

　　但是全詩並沒有寫完整，因為作者還構思讓男主角流亡海外參加戰爭，最後戰死沙場。因為拜倫英年早逝，所以全書只寫到第十七章的一小段就沒有下文，使之成為像《紅樓夢》一樣令人有遺憾的作品。

　　作者譴責那些隱居在閉塞的角落的井底之蛙之類的詩人，說他們是受反動統治者僱用，既為統治者歌功頌德，又贊成統治者

《唐璜》永不朽

血腥暴力的政策的統治者的奴僕。他抱怨他們沒有憑藉自己的良心而寫作；他們那些詩人是統治者養的走狗，他們的行為非常令人憤恨！

拜倫所寫的《唐璜》故事，先從他的少年時期在西班牙加的斯城長大說起。他的母親和丈夫分居，獨自撫養他。拜倫對這位母親伊涅茲的辛辣描寫，正是對妻子安娜貝拉的聲討。

這位形式上完美無缺的母親撫育起唐璜。他 16 歲就開始陷入愛河，他愛上了他母親的朋友朱麗亞。

朱麗亞 23 歲，嫁給一個 50 歲的丈夫。他們兩人的非法戀愛被她的丈夫發現了。決鬥的時候，唐璜把那個丈夫殺死了。這麼一來，不能再讓唐璜留在加的斯，他母親便叫他坐船到外國去。可是那艘船在風暴中沉沒了。此處的遇險遭難的描寫是一段名文，非常膾炙人口。

> 唐璜神奇般地免於一死，
> 他被沖到一個島上，
> 不省人事地躺在沙灘上。
> 他是一個十分俊俏的美少年。
> 一個帶著侍女的少女從那裡經過。
> 她在侍女的幫助下，
> 把唐璜安放到岩洞裡，
> 每天拿食品來照料他。
> 恢復知覺的唐璜，
> 發現自己是在一位美麗少女的懷抱裡。

長詩前六章描寫出生於西班牙的主角唐璜的貴族身世和戀愛生活，文章對虛偽的封建道德標準予以強烈批判。

　　唐璜被迫逃亡海外，在海上遇到風暴，船隻覆沒，部分倖存者受盡飢餓的折磨。最後唐璜一個人漂流到海島上，為希臘海盜的女兒海黛所救。

　　《唐璜》是拜倫為世界人民留下的文化遺產，《唐璜》的風格也是拜倫人到中年之後集自己畢生精力的寶貴著作。儘管《唐璜》是未完成的作品，它卻給我們留下了無限的遐想，而且它作為一部了解當時歐洲生活的長詩是絕無僅有的。《唐璜》已經被翻譯成多國文字流傳世界各國。《唐璜》作為拜倫最著名的代表作，引導和啟迪了一大批人，成為不朽名作。

《該隱》的創作

1821 年 1 月 22 日，拜倫滿 33 歲了。

「明天是我的生日，那就是說，半夜零時，即再過 20 分鐘，我就度過了生命的 33 年！我上了床，心情沉重。生活了如此長久，卻幾乎碌碌無為。現在已經是零時 3 分了。根據城堡的鐘，這是子夜。我現在已經 33 歲了！但是我不後悔我所做過的一切，只是悔恨我想做而沒有做成的事情。」

這麼長時間以來，拜倫很努力地工作著，《唐璜》寫到第五章的時候被奧利伯爵夫人打斷了。他終止了《唐璜》的寫作，開始寫《該隱》。

這是他受《聖經》故事的影響。該隱來自《聖經》記載：他在田地間殺害自己的兄弟亞伯，成了眾矢之的。該隱成為道德的背叛者、褻瀆神明的代表性人物。

關於該隱殺其兄弟亞伯的事，《聖經》上的記述是極其簡略的。但是《聖經》在基督徒中的權威和道德上絕對的主導力量使該隱被定義為一個標誌「可恥」的概念。拜倫的看法並不像世人那麼偏激，他筆下的該隱也有那麼多值得人們同情的地方。

在他所有的作品裡，《該隱》是最具有揭示性的文章。在幼時聽到過的宗教故事潛移默化的影響下，他就有了宿命論的觀點。他認為一個人在犯罪之前就已經被上帝罰入地獄。他認為自己不能抑制的想作惡的想法是受魔鬼的控制而不由自主的行為。

亞當、夏娃帶著子女們向上帝獻祭，眾人都很虔誠、恭敬，只有長子該隱漠然處之。他自認對上帝一無所求，所以不應該有感激之情，所以拒絕為上帝祈禱，而且還責怪父母當初沒有採食生命之果。

　　他的態度讓亞當、夏娃深感憂懼，他的弟弟亞伯也認為他會激起上帝的震怒。眾人離去，獨處的該隱困惑於生命的意義：為何要如此艱辛地勞動？為何無辜的子女要承受其父母的罪過？為何採食生命之果就要受苦？難道因為上帝全能，他就是至善？他憑什麼享用這些人的祈禱和祝福？

　　羅錫福悄然而至，這個天庭的反叛者，視該隱這個地上的叛逆者為自己的同類。當初就是他以蛇身成功地引誘了夏娃，這一回他則順勢而為，煽風點火，一番教導下來，該隱本就膨脹得憤懣情緒被推到了極點。

　　之後，羅錫福又不辭辛勞，領著該隱遍游黑暗王國，其意是讓該隱徹底洞悉人類的本質 —— 虛無。重返地球的該隱憂傷更深，預想著後代同樣悲慘的命運，他差點殺死自己的孩子以免其將來受苦。他極端的言行，令妻子亞德感到恐懼，彷彿該隱的靈魂已為魔鬼所獲。

　　這時，亞伯前來邀該隱一起向上帝獻祭，因有約在先，該隱無奈只好相從。亞伯過於謙卑的姿態讓該隱非常不滿。獻祭過程中，二人為上帝之愛的本質發生激烈的爭執，最終，該隱失手打死了亞伯。犯下不倫之罪的該隱，遭到父母及亞伯之妻的譴責和詛咒。唯妻子亞德對他不離不棄，在該隱埋葬亞伯之後，隨他一

起接受天罰，踏上流亡之途。

關於宗教信仰，拜倫曾在筆記中寫道：「教我不要去運用理性而只是去信仰，那是毫無用處的。那就等於是讓一個人不要醒著而只是永遠昏睡。」

拜倫所賦予該隱的，也正是同樣的充滿理性的心智。該隱不同於亞當、夏娃基於恐懼的謹慎恭敬，也不同於弟弟亞伯毫無反思的溫和柔順，始終鬱鬱寡歡的該隱所要追問的是：父母的罪憑什麼要讓他們無辜的子女承擔？生存如此艱辛，為何還要向上帝表達感激之情？此外，這有限的生命既有一死，那到底還有什麼意義呢？

這些尖銳的質問響徹寰宇，進而透過他與反叛者羅錫福的對話進一步坐實為絕對的批判。該隱就這樣被虛無的社會所困惑，他最後做出殺害兄弟的極端之舉，自然也就不難理解了。

聖經故事中對該隱殺弟的敘述是這樣的：「該隱起來打他兄弟亞伯，並把他殺了。」這從法律的角度講，可以認定為故意殺人。

但在拜倫這裡，該隱殺弟弟卻被敘述為一場激烈爭執中的誤殺，也就是他本身並沒有想置弟弟於死地。並且在亞伯倒地之後，該隱還嚇得昏了過去。當眾人譴責和詛咒他時，他也當眾表達了懺悔。後遭天罰注定流亡的命運時，他也不像《聖經》中對上帝所說「我的刑罰太重」，最後還想以自己之死換取亞伯之生，在埋葬了亞伯之後才和妻子一起踏上流亡之途。

很顯然，拜倫的這個該隱和《聖經》中那個該隱相比，已被改得面目全非。這是一個心事重重並最終落得悲慘結局的該隱，而不是一個義無反顧的富有英雄氣概的反抗者。

其實在詩劇中，與該隱的懷疑者形象形成鮮明對比的，不僅有該隱殺弟後自身的一系列反應，還有另一個給人印象深刻的人物，那就是該隱的妻子亞德。可以說，她幾乎構成了與該隱的懷疑意識相抗衡的另一種力量，這就是無條件的愛和同情。

如果說該隱在知中迷茫，那麼亞德則在愛中堅定。這愛裡不僅有對上帝之善的絕對堅信，還有對該隱不離不棄的夫妻之情。尤其是在後一個方面，拜倫塑造的忠貞於丈夫的妻子形象相當成功。

拜倫雖然拒絕承認詩劇《該隱》中的觀點代表他自己的想法，他筆下的該隱雖也被罰流浪，對該隱這個傳奇人物多有讚美之意，而無貶低之心。

按照該劇的思路，該隱是一個具有反叛精神，崇尚自由，反對專制神權的英雄。劇中的撒旦這個「墮落的天使」成了自由精神的化身。《聖經》中的好人亞伯只是一個唯命是從的奴隸。

該隱敢質問上帝：
亞當何罪之有？
樹種下了，為什麼不為他而種？
假如不為他而種，為什麼置他於附近？
樹在那裡成長，
成了宇宙中心的仙境。他們對此，
僅有一個回答，「這是上帝的意志。」
而上帝是善良的。
該隱在亞伯死後，天使給他打上罪惡的烙印的時候，他拒絕認罪，但是卻甘心受罰。他說：

《該隱》的創作

墮落人間不久，
我就降生。
我的母親的頭腦仍未擺脫
那條蛇，我父親仍在哀悼伊甸園。
那就是我，
就是我。
我沒有尋求
生命，我也沒有創造我自己……

拜倫詩劇所唱的反調，和主流價值觀是相背離的。他把該隱的寓言運用於他反對基督教神權的需要，是對人和神的關係的一次有深度的思考。

拜倫把用於宗教和道德的主題引入到對政治的處理當中，使該隱洗心革面，成為一時的英雄。於是，流浪者的文學傳統在拜倫手中變了一個調子，換了一個形象。

《該隱》發表之後受到了正統宗教教徒的猛烈抨擊，牧師們紛紛布道反對這位加爾文主義的「普羅米修斯」。這出悲劇引起了英國的讀者的強烈不滿，他們為自己的偶像作出這樣離經叛道的作品而感到羞恥。

拜倫也對讀者的反應表示失望。他寫道：「天花亂墜、胡說八道已經敗壞了公眾的趣味，而只要我這樣做，他們便會異口同聲地大加讚揚。現在，我在三四年間真正創作了一些『不該讓其湮沒無聞』的作品，所有的畜生卻嗤之以鼻，抱怨一通，便回到自己的泥地裡打滾去了。」

崇尚生命力的拜倫像尼采一樣難以接受奴隸的道德，這完全是由其個人氣質所決定的。但是，和尼采不同，拜倫在道德和信仰問題上，似乎還算不上一個徹底的虛無主義者。他一方面虛無，一方面又為此而憂心，可謂相當矛盾 —— 這就是拜倫的真實！

第二位人生伴侶

　　拜倫已經不是風流少年了，他已經有些厭倦了與女人之間的調笑和糾纏。特別是因為他的放縱情慾使他的身體和精神一天天地衰弱。他似乎感覺到自己已老了！儘管他才 30 多歲，但是他的頭髮已經開始變白，身體也變形走樣，看起來像 40 多歲的人一樣蒼老。

　　在這些乏味的日子裡，他答應朋友去參加邊左尼伯爵夫人的宴會，在宴會上遇見了一年前曾和他一同去看歌劇的泰莉莎·古系尤里伯爵夫人。古系尤李夫人才剛滿 19 歲，與 58 歲的古系尤里伯爵結婚不過一年而已。

　　正在古系尤李夫人感到無聊的時候，邊左尼伯爵夫人帶著拜倫來見她，她立即被拜倫希臘式的迷人臉龐和笑容所吸引。他們談了很長時間，泰莉莎還告訴拜倫，她的父親甘巴住在拉溫納。拜倫表示正好想去佛羅倫斯拜望他，因為那裡有拜倫所景仰的詩人但丁的墳墓。兩個人的話題自然轉到但丁身上，拜倫很驚訝地發現：這位義大利的美人，竟然對但丁和《神曲》有著深刻的認識和喜愛。

　　當天，拜倫對泰莉莎並沒有什麼特殊的印象。然而，因為他是相信命運的人，或許他會同意泰莉莎後來說的：「這次的見面是命運之神在我們兩人心中所作的印記！」也因為這樣，拜倫從此和甘巴家有了十分密切的關係。

泰莉莎・古系尤李夫人能吸引拜倫的原因，不僅是因為她的美貌和良好的出身，最主要的是因為在她那天真無邪的外表下，仍然有追求知識的熱忱。她對拜倫崇敬有加，認為他不只是一個特殊的異性，而且還是一位偉大的詩人。她帶給拜倫一種截然不同的感覺，當拜倫要求與她私下會面時，她一下子就答應了。

　　令拜倫困擾的是泰莉莎依照義大利的習俗要拜倫做她的情人。這對拜倫來說，無疑是要他做一個比較高級的「吃軟飯」的男人。當地的習俗，如果雙方是因為某種目的而結婚，那麼妻子可以擁有一個「合法」的男友，丈夫不能嫉妒，而且還可以和男友建立友誼。

　　拜倫和泰莉莎的幽會，立即成為義大利社交圈的新話題。泰莉莎覺得太幸福了，因此對別人的議論也就置之不理了。

　　拜倫終於也被泰莉莎征服了。他們兩人每天搭乘運河上的小舟，到力多去看落日。然而，對泰莉莎的丈夫古系尤里來說，他只感覺到妻子最近學法文的熱情比較高而已。

　　快樂的日子總是過得特別快，他們剛卿卿我我地過了不到 10 天的快活日子，古系尤里伯爵突然有急事必須到拉溫納去，於是這對情侶不得不暫時分別。

　　泰莉莎的丈夫古系尤里伯爵，是一個政治上的投機主義者，他前兩位妻子已為他帶來大筆的財富。而他在政治上的一帆風順，也是由於他能見風轉舵。

　　在法國統治義大利的時候，他對法國人忠心耿耿；但是當羅馬教廷統治義大利時，他又一面倒地去奉承教廷派來的樞機主

第二位人生伴侶

教。不過，他與泰莉莎的婚姻，使得教廷對他的身分有些懷疑。因為泰莉莎的父親甘巴伯爵和她的哥哥比多·甘巴，都是拉溫納地方支持義大利革命的卡波那裡集團分子。

雖然泰莉莎告訴過拜倫以後彼此聯絡的辦法，但是她離開後久久不曾寫過信給他，這使拜倫十分煩悶。

霍布豪斯知道拜倫有新情人後，立刻寫信勸告他，讓他不要給自己添麻煩了。但拜倫卻回信說：

> 現在已經太遲了，沒有任何事情可以阻止我們的交往。因為，在她離開威尼斯以前，我們每天見面。而且，她曾懷過我的孩子，但已經流產，幸好，現在已經恢復健康了。
> 我也知道，如你所說的，她們家的立場對我可能不利。不過，無論如何，為一個所喜歡的女人冒一點危險，又算什麼⋯⋯

在思念泰莉莎的時候，拜倫也會想起奧古絲塔。的確，兩人有許多相似的地方：她們都不太在乎拜倫開玩笑和嘲諷的態度，因此拜倫在她們面前可以把心情放鬆。但是在安娜貝拉面前就不能如此了。安娜貝拉想用心去了解拜倫，但拜倫偏偏最討厭企圖看穿他的女人。

有趣的是，在某些方面，拜倫可說是十分忠心的，如果他真心喜愛一個人，他必定對她忠實到底。就拿他和泰莉莎的關係來說，當他聽到泰莉莎病危的消息時，立刻不顧一切地向古系尤里伯爵表示，如果泰莉莎不能痊癒，他必定先她離開這個世界。幸好，不久後，古系尤里為他帶來了好消息 —— 泰莉莎已脫離險境了。

泰莉莎雖然躺臥在病床上，卻因為與拜倫聯絡上了，而使得病情有了轉機。不久，她又能坐著馬車和拜倫一起出去遊玩了。拜倫此時也覺得自己的身體狀況和情緒都因泰莉莎得到振奮。

　　當拜倫再度回到威尼斯時，突然發高燒，而且一直不退，急得泰莉莎不顧一切地住進拜倫家照顧他。古系尤里伯爵馬上帶著兒子，坐著運河上的小船尾隨而來。他想借這事使威尼斯社交圈增加一點對他有利的輿論。可是，進了拜倫家，古系尤里伯爵卻與他的太太泰莉莎發生了激烈的爭執。

　　拜倫已經不是當年的小夥子了，他的頭腦裡還是讓理性占了上風。他努力勸說泰莉莎，讓她不要離開丈夫，說自己會默默支持她的。

　　拜倫似乎因為這次的事，與泰莉莎完全斷絕了關係，也鬆了一口氣。他告訴自己，也許這樣比較好，免得日久生厭，破壞了美好的感情。

　　剛剛第二天，泰莉莎的父親甘巴伯爵派專人來接拜倫趕快去看泰莉莎，因為她又患了急病。等拜倫連夜趕到拉溫納時，卻見到已經病癒的泰莉莎以及和她父親在一起度聖誕節的好些朋友。對泰莉莎來說，她又贏得了一次勝利。

　　幾天以後，拜倫還是覺得離不開泰莉莎。於是他竟不顧自己的尊嚴，同意甘巴伯爵的邀請，在他們家住下來，以便就近照顧泰莉莎。

　　一年一度的嘉年華會結束後，新的一年為拜倫帶來許多意想不到的好運。他在甘巴家住下來，可以照自己喜愛的方式生活：

第二位人生伴侶

早晨起得很晚，然後去森林騎馬，黃昏時與泰莉莎欣賞日落或一起去聽歌劇，回來後寫作到天將破曉才上床睡覺。

古系尤里伯爵回家時，發現拜倫和泰莉莎又在一起，便藉故發怒。泰莉莎努力掩飾，但卻失敗了。因此，泰莉莎提出辦理分居手續的要求，準備離開伯爵。拜倫勸她先和她爸爸商量後再說。最後甘巴伯爵同意向教皇申請女兒和伯爵的分居手續，拜倫也因為受到甘巴伯爵和朋友的鼓勵，而決定堅持到底。

甘巴伯爵之所以喜歡拜倫，並不只是因為疼愛女兒泰莉莎，他似乎也對拜倫的才華和風采著迷，而把拜倫當成自己的女婿。拜倫和他在政治上的觀點相同，這些也都使他對拜倫的信任更勝於對古系尤里。

7 月 6 日，教皇終於批下了古系尤李夫人和伯爵分居的同意書。一星期後，泰莉莎才得到消息，但是，她以為從此要與拜倫分開了。根據分居條件規定，泰莉莎除了可以得到每年 1,000 英鎊的贍養費外，必須在父親監護下安分地過日子。於是她便連夜逃離伯爵府，她的父親將她安頓在離娘家 15 里遠的地方。她和拜倫的愛情又將寫下新的一章。

加入革命黨

　　泰莉莎是一個讓拜倫著迷的女人。拜倫是個宿命論者，他還記得小時候那個女巫師說的，他會有兩次婚姻，第二次是外國人，他們會生活得很幸福。他覺得這個人就是泰莉莎。

　　泰莉莎一天天地影響著拜倫，她把自己逐漸地滲入到拜倫的靈魂。她以溫柔的義大利音調，說著動聽的義大利語。

　　泰莉莎是外國人，有許多異國風情，這也是她吸引拜倫的重要原因。但是，更重大的理由在於她純真善良的性格：她不是講大道理的、愛批評的、以自我為中心的女人。她像柔和的春風一樣，能讓拜倫徹底放鬆緊繃的神經。

　　而安娜貝拉、卡洛琳都只能使他焦躁，使他冷酷，甚至使他發狂般殘忍。他不能忍受接近他身邊的裝伶俐、愛批評的女人。

　　他尤其討厭把人的一言一動都像數學公式一樣秩序井然地羅列起來，對著理論的明鏡加以批判。當碰見那種把人的行動都當作神的意志，連自身的利己心、憎噁心甚至忌妒心都想用神的名義來加以神聖化的女人，他便生氣到總想折磨她，折磨到使她哭泣。

　　在義大利，拜倫一住就是 7 年。前 3 年中，除了為寫《恰爾德‧哈羅爾德遊記》第四章而短暫地去羅馬實地考察以外，他的大部分時光都是在威尼斯度過。

　　他和泰莉莎，之後也和泰莉莎的兄弟們結為好友。透過甘巴父子，拜倫也參加了義大利獨立運動組織卡波那裡集團。不過，

加入革命黨

拜倫只對他們的浪漫名字、神祕儀式、祕密聚會以及出入暗號感到好奇，對他們不務實際的想法卻頗不認同。

這些參與革命行動的人士當中，除了卡波那裡集團裡的一些貴族外，就是摩拳擦掌的一些工人階級。拜倫覺得自己的行為很具諷刺的意義——他一方面嘲笑霍布豪斯支持「暴民」，而另一方面自己卻又陷於同樣的狀況中。

革命黨人尊敬他，並擁戴他做領袖，使他覺得非常光彩，因而同意他們的舉動。他騎馬出巡的時候，正在進行軍事訓練的黨員，見到他便高呼「自由萬歲」，並向他敬禮。他在馬上躊躇滿志地答禮。不過，他骨子裡卻不是激進分子，他寧願和甘巴伯爵商議，而採取比較緩和的改革手段。

拜倫是天生的叛逆者，他的一生獻給了民族獨立、民權主義、反對戰爭這三個崇高目標。

當時的北部義大利正在奧地利帝國的鐵蹄下呻吟，普通百姓深受異族統治欺凌和本國貴族階級壓迫的雙重痛苦，人民的憤怒如墓地磷火般四處浮現。正如詩人所說：「全國就像子彈上膛的槍，許多手指頭都在移動，想扣動槍機。」

當一年接近尾聲的時候，拜倫的生活方式也比較固定下來，除了晚上偷偷與泰莉莎會面外，他大部分時候都與甘巴父子商議革命的事。

在認識泰莉莎以前，拜倫已經同當時廣布義大利全國的祕密革命組織「燒炭黨」有過接觸和聯繫。自他走進成人社會的那一天起，他就一直在用他的詩歌和言辭呼喚著自由、獨立，為反對

專制壓迫而吶喊。

　　不過，他的心裡仍然在考慮回到英國去。當然他也明白，他現在已改變太多了，回去恐怕不能適應。所以，他非常期待能夠參加一些英雄式的行動，以防止自己內心的空虛。

　　1821 年初，奧匈帝國對那不勒斯虎視眈眈，革命的情緒日益高漲，加上連日的連綿陰雨，使氣氛顯得特別緊張。

　　這時，街上傳來教廷要捕捉革命分子的風聲，拜倫對他的同志們的勸告是：「反抗！以免被捕後洩露機密。」並且宣稱自己的住宅可以供革命者避難。但是，後來卻什麼也沒有發生，使得拜倫十分難堪。

　　1821 年春天，義大利西北部的幾個城市同時爆發了革命起義。受到如火如荼的革命形勢的鼓舞，拜倫同泰莉莎的哥哥甘巴及燒炭黨其他領導人一道，更積極地籌劃艾米利亞 —— 羅馬涅區的起義事業。

　　卡波那裡集團內部意見也有很大的分歧，而且他們又提不出什麼具體的行動方案。於是，拜倫覺得很無聊，他又打算再度到希臘去。然而，他知道，如果泰莉莎要他留下，他就哪兒也不會去。

　　不多久，甘巴的集團已準備好行動的武器，並且把這些東西都運到拜倫家來收藏。他一直受到反動當局派去的警察和暗探的監視和盯梢。一個以意志、思想和行動的自由和獨立為最高人生皈依的浪漫主義詩人，為了他國民族的自由和獨立，卻使自己陷入了不自由的境地。

加入革命黨

　　但是，因為首領的背叛，使得整個卡波那裡集團的革命活動，最後以失敗告終。拜倫的評論是：就這樣，一切都完了；也因為這樣，義大利的革命再度因為內部的不團結而失敗了。

　　拜倫坦然接受了革命失敗的命運。他從未因此而感到後悔。他曾在日記中寫道：

> 當整個民族的命運處在危險之中，即使我個人的事情進展順利，
> 我也感覺不到多少歡樂。如果有可能大大改善人民的處境、尤其
> 是這些被壓迫的義大利人，我絕不會計較自己個人的得失。

　　革命失敗後，義大利人民對外的仇視更加深了，但因為拜倫平日待人不錯，在拉溫納他還受到人們尊重；況且，在表面上他仍然尊重教皇，所以能平安無事地在拉溫納生活下去。

　　他已經不是空想家。他具有令人吃驚的知識和勇氣。他告訴拉溫納的革命黨員說，應該採用分散戰術。沒有訓練的、人數很多的軍隊，要獲得勝利，只有分散政府軍的兵力。他知道，和有訓練的集團軍作戰是一定要失敗的。革命黨員沒有聽他的話，失敗了。

　　他成了當地政府所憎恨的目標。義大利出名的暗殺危險籠罩著他。常常有匿名信寄來，警告他不要外出。他卻一個人騎馬到附近森林裡去練習手槍。

　　不料，7月10日晚上，甘巴在觀劇後回家的路上，被官方逮捕了，而且泰莉莎也和他的父親一同被放逐。拜倫研究此事後，知道教廷政府的目標已指向他。泰莉莎希望他能跟著甘巴一家人離開。

因為不能懲治英國貴族拜倫，他們以為趕走甘巴一家人，拜倫也會跟著走了。

　　泰莉莎拒絕離開拜倫，並且擔心拜倫會有生命危險。拜倫費盡了唇舌，並且以將自己關進修道院來威脅她，才半哄半騙地將泰莉莎勸離拉溫納，他也因而得到片刻的喘息機會。不過，他答應隨後會到佛羅倫斯與甘巴一家會合，並且竭力為他們向教廷政府要求特赦。

與雪萊訣別

拜倫在義大利的生活很多姿多彩，他沒有時間照顧和克萊爾一起生的私生女愛莉加的生活。

克萊爾曾經在拜倫婚姻失敗的時候主動勾引拜倫做了情人。克萊爾當時是想追求雪萊的，可是雪萊和瑪麗的關係很好，她總是沒有機會，最後把目標轉向了拜倫。當時的拜倫也是情場失意已久，心靈正需要慰藉的時候，他們很快一拍即合，後來有了孩子愛莉加。拜倫因為革命的事情沒有時間管這個可憐的孩子，他把她送到了巴尼亞卡瓦羅寄養。克萊爾不止一次寫信請求拜倫把女兒送到一個環境好點的地方寄養，自己保證不去打擾他們的生活。可是拜倫並不在意，他覺得克萊爾就是杞人憂天。

克萊爾還請求雪萊幫忙勸說拜倫。雪萊將建議轉告拜倫，他跟拜倫說：「克萊爾想讓你幫個忙，她不想讓女兒在巴尼亞卡瓦羅寄養。她說那裡環境很糟糕，女兒在那裡過得很不好，天氣又冷，她的監護人也對她很不客氣。希望你能把女兒接回來。」

拜倫很不耐煩地聳聳肩說：「女人就是愛找麻煩！我並不覺得那個地方有什麼不好。再說，小孩子一定要經受些波折和風浪才能長大。就像我小時候，我的母親一直是很刻薄地對待我，所以我才能像現在這樣成功。」

雪萊聽了，十分憤怒地喊道：「你這樣簡直太過分了！你是孩子的父親，怎麼能逃避責任，怎麼能把孩子送到別人那裡去寄養。她還那麼小，就沒有父母在身邊呵護，對於一個孩子來說，

這簡直比殺了她還難受。你將來一定會後悔的！」

他後來曾告訴別人，當時若不是強行控制住情緒的話，差點要一拳把拜倫打倒在地上！

拜倫得到拉溫納方面的消息，說愛莉加發高燒病重；同時，克萊爾也聽到消息趕到比薩來。雪萊除了安慰她外，還盡量藏匿她的行蹤，使她不致被拜倫看見。拜倫非常著急，派專人去照顧愛莉加。18 日傳來的消息說，熱已經退了；但是不到兩天，又傳來消息說，愛莉加死了！

女兒的死讓拜倫傷心不已。因為他本來是想教訓一下克萊爾這樣一個無禮的女人，可是沒想到，卻讓自己的女兒深受其害。他是那麼愛女兒愛莉加。他一手將孩子撫養大，他看著她越長越像自己，她是那麼美麗，她也擁有著跟自己一樣的性格，她就是他最傑出的作品。拜倫甚至考慮帶她一起去國外，讓女兒成為他年老時的依靠。

當愛人把他女兒的死訊告訴他時，他的臉上顯示出一種死人一樣的蒼白。他頹然倒下，眼睛裡竟然沒有一滴淚。這是真正痛徹心扉的打擊，讓他變得絕望、深沉、哀痛、自責。他非常後悔沒有把女兒接到身邊照顧。

他說：「她比我們更幸運。此外，她在這個世界裡的地位幾乎不允許她獲得幸福，那是上帝的旨意。如果一切可以改變，我將把她留在我身邊。

「我還記得，她曾給我寫過信。她在信上說，讓我去看她，讓我把她帶回家。她說她已經會背好幾首詩了。那是多麼可愛的孩子啊！

與雪萊訣別

「雪萊說得對，我會後悔的。真的，我真的很後悔。她就像聖潔的天使，讓我根本不配做她的父親，讓我不配擁有她那樣可愛的女兒。讓我們不要再提這件事了。」

他寫信給墨瑞，請他代為安排，將愛莉加埋葬在一度是他童年所希望被埋葬的哈倫公學的教堂墓地。因為愛莉加不幸的童年，引起他對自己童年遭遇的回憶。

墨瑞雖已依照指示十分盡力而為，但卻無法完全照拜倫的意思達成，充其量他只能讓愛莉加安葬在墓園裡面，卻不能為她立碑，因為沒有人會承認一個私生子的身分的。

克萊爾方面的反應，比大家想像的要好一點，但是她卻把一切的怨恨都歸咎到拜倫身上。她寫了一封極嚴厲的信，指責拜倫對她的女兒愛莉加所做的一切「暴行」。

拜倫看了這封信之後也覺得沒有什麼能辯解的。對他來說，整個事情已告一段落，他只想盡早忘記這事。不過，他答應克萊爾的要求，為愛莉加留一張畫像，並且准許克萊爾在愛莉加的棺木送往英國時前去送行。

能讓他的靈魂安靜片刻的方式只有寫作，只有為女兒寫點什麼才能讓他找回一點做父親的安慰。於是他奮筆疾書，寫下了《變形的畸形兒》。

這是一部類似《浮士德》的戲劇，題材很有意思，講的是一個叫阿諾德爾的駝背的人為了能讓自己的畸形的後背變得和正常人一樣，為了能像正常人一樣能得到愛情，他把靈魂賣給了魔鬼。

這部戲劇被雪萊看到之後，評價它是惡劣不堪。可是這惡劣不堪的戲劇，就曾經是拜倫幼年生活的真實寫照。

　　雪萊在瑞士和拜倫告別，回到英國。雪萊夫婦需要面對的第一件事，就是正式妻子哈麗特自殺了。她和雪萊分居以後，就遊戲於一個和另一個男人之間，結果不小心有了身孕，便投身在常和雪萊浮紙舟的塞奔坦河裡溺死了。

　　聽到這個消息，雪萊很震驚，沒想到哈麗特能那樣做。直至年底，雪萊才從難過中走出來，正式和瑪麗結婚。他向法庭提出把哈麗特生的兩個孩子帶回自己身邊來。

　　但是大法官說，雪萊的思想「不道德而且亂倫」，不宜於幼兒的道德教化，便作出決定，不讓他撫養那兩個孩子。

　　大法官的宣告，是對雪萊精神上的侮辱。他與英國的上流社會算是至此無緣了。這對他是很大的打擊，同時也是他的生活的重大轉折點。

　　他一向都是要用他清純的理想去教化和改善社會。所以，他或是到愛爾蘭去努力解放宗教，或是在英國想法子替思想犯交納罰款，甚至逢人便宣講人類的美和善，竭盡全力地進行精神的教化工作。

　　他的做法，和社會上其他人的行為方式完全不同。天真直率的他，照著奔放的熱情去行動。那是和當時陽奉陰違的偽善社會風氣完全相反的。所以用陳腐的道德尺度來衡量，也可以說他是背德亂倫的。

　　但是，過著那種脫離正常人的日常生活，卻又想做改革社會

的戰士，這就是他的最大的失敗之處。聽到大法官這個判決的時候，他才愕然睜開了眼睛，覺悟到自己沒有從實際出發，太過理想化的生活方式是難以被社會接納的。他於是開始厭棄了實際的社會事務，最後一門心思地冥想起來。

從此，真正的雪萊成長了。寒冷的英國氣候，損害了雪萊的健康。還有應該說是他性格中俠義之心也成為他的一大弱點。他因為憐憫那些沒有工作的可憐人，他為幫助他們，所以家裡養著將近 20 個人。因此，他的錢囊一天一天更空了。

瑪麗陪他到義大利去，就是為了讓他從這種糟糕的境遇中解脫出來。他們到威尼斯和拜倫相會。把阿列格拉交給拜倫後，雪萊和瑪麗、克萊爾帶著瑪麗所生的兩個孩子南下。在路上幼女得病死了。在悲痛中，他寫成了不朽的大作《解放了的普羅米修斯》。

經過羅馬，前往那不勒斯的時候，他最愛的男孩子威廉患赤痢死了。他為此傷心欲絕，無奈之下，他把愛子的屍體葬在羅馬的英國人公共墓地。

夫妻黯然離開「永久的都市」，回到北方的佛羅倫斯。在這個偉大的文藝復興的舊都，他寫著詩聖但丁的回憶，寫著普羅米修斯的續篇。這是描寫精神和物質的戰鬥，是他刻骨的內心苦惱的迸發。他是需要進行這樣的寫作而發洩內心不滿的情緒。

他很同情那個由於發表自由思想的理論而受到保守的英國政府殘酷迫害的名叫李·亨特的評論家，便邀請他一家 8 口從英國到義大利來，把他們送到拜倫家去。

不幸的事情終於還是發生了，雪萊從熱那亞返航的時候，碰上了海上的惡劣風暴。

　　1822 年 7 月 8 日中午，雪萊和威廉士坐著「唐璜號」出遊時，海灣裡突然暴發了一種強熱帶風暴，等風暴過後，人們再也看不見他們的蹤跡了！人們詢問附近的漁夫和船工，但是沒有人看到他們，人們立刻回來報告拜倫。

　　拜倫知道雪萊的船失事的時候，一下子沉默了。他雙唇顫抖著，半天說不出話來。這實在是他聽到的最糟糕的消息了，就算是他女兒去世，他也沒有那麼難受過。

　　雪萊是他的摯友，雪萊是他生命中不可或缺的朋友。他回憶起他們在一起的時光，覺得生活是那麼美好，雪萊就像他的親弟弟一樣值得他去保護和疼愛。可是他卻沒有保護好雪萊，這讓他很懊悔。甚至他恨不得出事的人是自己。遇到那樣的恐怖的風暴，雪萊生存下來的可能幾乎為零，但是他還是希望奇蹟能出現。

　　瑪麗是第二天得到雪萊出事的消息的。她立即趕來詢問拜倫事情的經過。拜倫面對一臉憔悴的瑪麗，有些無言以對，他不知道怎麼才能安慰她，他不知道怎麼才能讓瑪麗接受雪萊出事的事實。拜倫只好請她一同前往出事地點察看情況。

　　凌晨 2 時左右，他們來到了出事地點。瑪莉因為疲憊不堪，只好先到附近休息，一路上他們又向周圍的居民打探雪萊的消息。

　　有人說發現「唐璜號」上的一些東西，不過，這可能是暴風雨來襲時，雪萊他們為了減輕船的重量而主動拋棄的。拜倫把

與雪萊訣別

「布利瓦號」供人全權使用，他自己組織了一些人進行仔細的搜尋。他只有這樣做才會覺得心裡好受點。

7月16日，有兩具屍體被發現。18日，又聽說有一具屍體已漂到岸邊來，他們認出那是雪萊的屍體，從屍體的上衣口袋中找出兩本詩集而證實了雪萊的身分。

拜倫看著雪萊被魚咬噬得殘缺不全的美麗的臉龐，低聲說：「唉！鐵一樣的意志！這就是你美麗勇敢的身心所留下的一切麼？……像普羅米修斯一樣，你反抗了天帝宙斯，這樣……」

「世人嚴重誤解了他。到今天為止我所認識的人裡面，他是最善良而沒有絲毫私慾的人。出現在會客廳裡的紳士，只有他是最完美的，沒有缺點的。」說著，他把身上的衣服甩掉，「撲通」跳進海裡游泳了。

又有紅顏知己

雪萊死後，漢特緊張了一陣子。他原來是一直靠雪萊接濟的一個文人。後來，拜倫再三保證願意像雪萊一樣善待他，他才比較放心。不過，他心裡有數，知道拜倫不喜歡他的妻子和他那一堆像小野人似的孩子。

拜倫向倫敦的朋友們請求支持漢特所出版的雜誌，但他的朋友們都勸他不要和那個「下等的倫敦人來往」。拜倫很看重漢特的才華，他給漢特提供了不少幫助。

雪萊死後，從表面看來一切好像又風平浪靜了。可是，拜倫內心卻非常凌亂。甘巴家已在熱那亞找到一個政府允許他們安居的地方等候他和泰莉莎一同前往。可是，拜倫卻另有打算，儘管他仍舊喜歡泰莉莎，可是他長時間和她在一起，總覺得有點審美疲勞了。所以，他並沒有到熱那亞長住的打算，他甚至認為離開義大利，才是避免生活太單調的唯一辦法。

他懷念英國，懷念風狂雪亂的蘇格蘭。他自問自答地說：「為什麼我不在英國從事政治活動？」

「就在這種頹廢的南國社交活動裡，枉拋了壯志雄心？」

他丟下筆，靠近窗前，碧綠的熱那亞灣，海波浩瀚地起伏著。

「波濤的那邊是地中海，地中海那邊是大西洋，是英國。」

唐璜歌唱著：

又有紅顏知己

這些傲慢的東家老闆，
他們做買賣精打細算，
從南極到北極發號施令，
連海浪也得向他們交納稅款。

這是英國的統治者的意志。那是自己的祖先統治過的英國人。而自己就靠著愛人的膝頭，在碌碌的詩篇中，讓英國男兒的熱血熬幹嘛？

可是回到英國，希望跟安娜貝拉和好，那又幾乎是不可能！這時候，他對她的厭惡和反感已經逐漸緩和，而想到她的優點和神聖得如聖女一樣的氣質了。他覺得安娜貝拉是很美好的女人，原來在自己身邊時，她就像黏在衣服上的稻米飯粒。可是分開久了，他覺得她就是月光下的香水百合，那樣清新別緻。

然而當時他把安娜貝拉傷得太深了。安娜貝拉的心已經堅如磐石，她決心終身不寬恕拜倫。她對自己說，這是神的旨意，這是對人類的需要負的責任。所以，拜倫不能被原諒。

正打算出發離開比薩時，霍布豪斯突然來訪。他和拜倫自從 4 年前在威尼斯道別後，一直沒有再見過面。這次見面，兩人似乎有點疏遠了，特別是有霍布豪斯不太欣賞的漢特。

有漢特在時，他很少說話。雖然兩三天后，他和拜倫又很親密了，但是，當他們兩人分手的時候，拜倫依然覺得霍布豪斯已經和從前不一樣了。4 年的時光足以改變一個人最初的模樣，他們彼此之間經歷了太多的不同。在他們都成長之後，發現對方已經不是原來的樣子。他對霍布豪斯說：「你已缺乏當年的熱情，

變得像政治家一樣冷酷了！」

　　當動身前往熱那亞的時刻來臨時，拜倫心裡卻很不高興，每件事情對他來說都不那麼順利。他像個 70 歲的老人一樣步履蹣跚，但最後他還是坐上他的馬車，搖搖晃晃地離開了比薩。

　　馬車聲和車後掛著的鵝所發出的叫聲交相呼應，到達熱那亞的住處時已近午夜，疲憊不堪的拜倫迷迷糊糊地搬進了他最後一個在義大利的住所。

　　拜倫在熱那亞定居以後，便寫信和墨瑞聯絡。他因為聽信漢特的話，以為墨瑞故意將漢特所編輯的雜誌《自由主義者》創刊號中的拜倫所寫的專門攻擊作家協會的序刪除了。拜倫生氣地寫信指責墨瑞，並且發誓，以後自己的所有作品要改由漢特出版，而不再交由墨瑞處理。

　　不過，拜倫仍舊沒有和墨瑞斷絕書信的往來；並且因為拜倫長期居住在義大利，耳濡目染下已經沾染上了義大利人坦率的作風。他常常毫不隱瞞地向墨瑞表示他對漢特的不滿。

　　拜倫和泰莉莎的關係沒有改變。不過兩個人都知道他們的愛情已經變質了。她才 23 歲，而 35 歲的拜倫卻讓人覺得好像是 70 歲的老人那樣遲暮。

　　泰莉莎大概也只好自己認命了吧！她試著讓自己的生活節奏跟拜倫的保持一致，即使拜倫不來找她，她也能安心地過自己的生活。正當他思念故國、鄉愁滿懷的時候，在他眼前出現了倫敦社交界的寵兒，美麗的布列辛頓伯爵夫人。

　　1823 年 4 月 1 日，拜倫的僕人拿著兩張名片到他房裡來說：

又有紅顏知己

「布列辛頓伯爵和道爾瑟伯爵求見。」

拜倫隨便接過來一看。兩個名字跳進眼簾：「布列辛頓伯爵夫人」和「阿弗雷德·道爾瑟伯爵」。他不覺從椅子上跳起來。請他們進來應酬過後，問道：「夫人呢？」

回答說：「在門外馬車裡等著。」

拜倫拖著不方便的腳，急忙走出去迎接夫人。在夫人的想像中，拜倫一定是身材高大、相貌威嚴、氣度不凡的人。儘管拜倫有著漂亮的頭和豐富的表情，個子不高。可當他像孩子一樣出現在夫人面前的時候，伯爵夫人還著實吃了一驚。

第二天，拜倫到旅館去看夫人。從那天起，兩人開始了非比尋常的友情。

在掌握了和男人交往方法的伯爵夫人看來，拜倫是很容易駕馭的男子。因為拜倫是敏感而又多情的，他童年遭受的不幸使他在性格上總是走極端，但是他確是可以被征服的。

對於拜倫這樣的男人，強硬的手段是沒有意義的。在伯爵夫人極具同情心又富有才能的溫柔的感化下，拜倫猶如找到了歸途的迷失羔羊，把他的心胸徹底地向伯爵夫人敞開。他沒有隱瞞地向夫人說出一切。

在他們交往的幾個星期裡，她把拜倫說的話忠實地記錄下來，後來印成有名的《同拜倫勛爵談話日記》。這本書真實地反映了拜倫的生活，成為後來研究拜倫一生非常有價值的歷史資料。

布列辛頓伯爵夫人，比拜倫晚兩年出生於愛爾蘭的提珀雷里，家境窮困。她 14 歲嫁給一個軍人，3 個月後就分居，來到倫敦。丈夫死後，再嫁給布列辛頓伯爵。這次同來的道爾瑟伯爵，

是法國著名畫家，他容貌俊美，是夫人的情人。

目光敏銳的夫人，在聽了拜倫坦率的言談，觀察了他的行動之後，透過「假拜倫」的外表看穿了「真拜倫」的實質。

夫人看穿的是：拜倫過早地接觸了外面冷酷的空氣，才走向與自己本性相反的方向。本來他是個性格溫和有著博愛精神的人。當他看透世間冷漠，看透了人與人之間的自私虛偽，他就把自己偽裝起來，讓自己看起來和他們一樣自私而冷酷。

其次，夫人看穿了，他是為了改正自己的浪漫和感傷而去嘲笑別人的浪漫和感傷。證據便是：在短短幾週的交往中，拜倫常常把自己感傷的一面表現在夫人面前。

夫人還看穿了：「偽惡」的他總是裝作一無是處的樣子，似乎他身上沒有優點，只有一些可惡的毛病。

夫人也看準了他在人生常識方面經驗很豐富，但是他卻有著和生活經驗完全不相符的古怪的言行。夫人還發現拜倫儘管嘴上說自己是不信任何宗教的，可是他的內心有強烈的宗教觀念，而對於傳統也十分執著。

他覺得自己就是和魔鬼簽約的「惡人」。拜倫對夫人說：「人的真正的幸福，並不在婚姻生活之外。兩個相愛的人分離絕不是幸福。這會使女人更加忌妒，並因此使男子變成女人的奴隸。」

他把對安娜貝拉也避忌的問題，也對夫人說了。那便是關於他的跛腳，關於跛腳怎樣影響了他的性格。

他說：「我的母親，和我學校裡的同學們，把我嘲笑得太過分了，終於使我覺得跛腳是人生最大的不幸。腐蝕殘廢者的心靈的力量是可怕的，要征服這種力量，必須要有非常善良的心。由

又有紅顏知己

於殘廢而造成的孤僻性格，終於變成了對整個社會的怨恨。沒有人能改變得了我怨恨社會的性格，我恨他們嘲笑我的不幸！我要報復他們，就連我的妻子安娜貝拉也沒有辦法阻止我。她像傳教士一樣在我耳邊嘮叨，最後我們分居了！」

這是他的心靈的最慘痛的傷痕。伯爵夫人能夠使他透徹地講出來，這說明拜倫真的已經把她當作自己的紅顏知己了。因為只有男人把一個女人當成他的知己密友，他才願意跟她分享心靈的祕密。

我想早一點死掉，不想做老人。年輕的時候，對於給了我一點點好意的人，我心裡便充滿溫暖的愛。現在 36 歲，說來也不算老，但是，即使把自己心中快要熄滅的餘燼都收聚攏來，也不能再燃成一堆火焰來溫暖我冷卻的感情了。我受了太多傷害，這些傷害足以讓我死成百上千次了！

他寫了一首詩來表達自己 36 年來的經歷和感悟。

此心不再感動他人，
此時也自然無所感。
雖然不能為人所愛，
我卻仍然寄情於人！
年華如枯黃的秋葉，
花果早已凋謝，
只留下蛀蟲和災孽，
就是我的一切！
在遭受烈焰的煎熬，
心如孤寂的火山；

就差火炬在這點燃，
把這一切都燃掉！
希望、猶豫、恐懼、嫉妒的關照，
痛苦中的甘甜與愛情中的美，
這一切我都無法得到，
只得到鐐銬！
刀劍、旌旗、碧血沙場，
榮譽和希臘裝在我心底。
僵臥盾牌的斯巴達男人，
怎比自由高尚！
醒來吧，振奮的希臘，
醒來吧，我的那顆心！
探討生命之旅的真諦，
狠狠打擊敵人！
多情的火焰熄滅，
愛美的習性無法保全。
你對我誘人的顰笑，
已不能眷戀。
你悔恨荒度的青春，
可還要苟且生存？
奔向光榮的死所吧，
在戰場上獻身。
尋求吧，勇士的墓地，
他應當屬於你！
選一方土壤當作歸宿，
永遠得享安息！

嚮往希臘

拜倫內心一直嚮往著去希臘，他希望能去希臘參加革命。他對希臘革命的渴望，因布蘭奎爾上尉的來訪，而再度被提高。布蘭奎爾是代表「倫敦希臘協會」到倫敦尋求支援希臘革命的人。

拜倫答應他們，如有必要，他可以在 7 月到倫敦出席會議，並為他們奔走遊說。

這次拯救希臘的計劃比其他計劃都持久，他不會再因為某個女人或者某首詩被拖住手腳。因為在過去他對希臘的了解，那裡的奴隸制讓他覺得窒息。他希望希臘的人民能夠早日覺醒，盡快起來抗爭，把土耳其的統治者趕出國土。

但是希臘的人民是處於矇昧狀態的，他們不知道自由和人權，他們只有在法國大革命之後才第一次聽說那些新詞。拜倫需要他們覺醒，於是他寫了很多詩篇來告訴希臘人民，他們不是天生的「奴隸」，他們需要團結起來進行抗爭。只有那樣，他們才能過上像真正的人一樣的生活。他寫的《為自由而戰》慷慨激昂，非常振奮人心：

本國既沒有自由可爭取，
那就為領國的自由戰鬥，
以羅馬、希臘的自由為己任。
不怕流血和斷頭。
造福人類的業績多偉大，就是偉大，
也能得到高貴的報答，

在哪兒都可以為自由而戰，

如不受絞、飲彈，便可得到爵位頭銜。

這首詩表達了拜倫的心聲，他要為了希臘的自由而戰。他像
一位國際勇士，要反對土耳其對希臘的殖民統治。這是他多年以
來的夢想，因為寫作在他看來遠遠沒有當將軍征戰沙場更有吸
引力。

拜倫決定去當希臘委員會的成員。他躊躇滿志，覺得他終於
要在希臘的民族解放運動中發揮作用了。

他首先列出了希臘目前最亟待解決的幾個問題。一是戰地物
資。戰爭就是需要物資作為支持的，沒有物資作戰爭的基礎，那
麼一切無從談起。二是火藥。火藥是目前戰爭中最寶貴的武器資
源，沒有火藥，那麼想依靠大刀長矛去打敗統治者是痴人說夢。
三是醫院或者藥房。戰爭是殘酷的，沒有戰地醫生的支持，戰爭
中的傷員只有死路一條。為了能持久地抗爭，這些都是必不可少
的條件。

拜倫的朋友們用充滿懷疑的目光關注著拜倫所準備的一切。
他們覺得拜倫這樣的詩人是不適合做這樣的工作的，他缺乏實戰
的經驗。他們認為他的那些東西都是紙上談兵，在真正運用的過
程中會出現很多問題。

實際上拜倫既有勇氣又有膽識。但是他缺乏決斷力。這就注
定他只能是個夢想家。一個缺乏決斷力的領導，在指揮作戰的過
程中就會優柔寡斷、貽誤戰機。在風雲變幻的戰場上，這是致命
的缺點。所以，儘管拜倫是那樣的胸有成竹，但是，他的結果注
定會是糟糕的。

嚮往希臘

　　他一方面在排斥英國的統治者，另一方面他又渴望和英國上流社會取得聯繫，獲得他們的支援。在他充滿矛盾的性格里，他始終缺乏思想和行動統一的能力。

　　拜倫不敢將他想拯救希臘的計劃告訴泰莉莎，他怕泰莉莎不接受這個決定，因為他是在乎泰莉莎的，他堅信泰莉莎就是命中注定的另一半。他只好等待最佳的時機說服泰莉莎。

　　他知道，只要泰莉莎一流眼淚，他可能就會改變主意。因為，他了解泰莉莎，她是最愛他的女人，她一定擔心他這樣去希臘是冒險的行動，她不想讓他冒險，她想跟他白頭偕老。如果貿然告訴泰莉莎這個決定，她一定會阻止他。他甚至能想像到泰莉莎知道這個消息淚眼婆娑的樣子，那麼的楚楚可憐。他不忍心看泰莉莎難過，最後，他不得不讓泰莉莎的哥哥比多·甘巴去告訴泰莉莎這件事。

　　果然不出拜倫所料，泰莉莎聽到拜倫要去希臘的消息後根本無法接受，她的充滿愁苦的臉上掛著淚花，似乎就像被判了「死刑」一樣。

　　泰莉莎說：「親愛的拜倫，你為什麼要去希臘呢？你知道那裡現在變成什麼樣了嗎？土耳其的軍隊已經把那裡占領了，你還要支持他們反對土耳其統治？你這是一個人在跟一個國家戰鬥！這是螳臂當車！我不能失去你！求求你，不要去！我不是反對你拯救希臘，可是希臘的問題是你一個人不能解決的！」

　　拜倫為難地說：「我知道你擔心我，我知道你愛我，不想讓我受到傷害，但是我不想一輩子庸庸碌碌地活著。我要像我的偶

像拿破崙一樣，為了正義而戰鬥。我不怕失敗，我是擔心如果這次我不去拯救希臘，我會後悔一輩子的，即使天天能跟你在一起，我也不會快樂！」

泰莉莎的哥哥也安慰她說：「我可愛的妹妹，你放心，拜倫不會有事的。我保證他能完完整整地回到你面前。我們作為參加革命的成員，為希臘民族解放抗爭。抗爭就是需要付出代價的，你們暫時的分別是為了千千萬萬希臘人們的幸福。要知道，他們每天在土耳其的殘暴統治下過的都是非常悲慘的日子！」

泰莉莎沉默了，她知道自己不可能讓拜倫回頭了。她含著眼淚對拜倫說：「好吧，我成全你。我希望你不要忘了我。你一定要完完整整地回來。我的後半生，需要你的陪伴！」

拜倫聽了泰莉莎的話內心也十分沉重和愧疚，他想對泰莉莎有所補償。有一天，他把自己的手稿全部搬出來，放在泰莉莎面前說：「也許有一天，它們會贏得許多獎金呢！」

拜倫把去希臘的事向布列辛頓夫人透露。因為他每天與布列辛頓夫人騎馬出遊，在高原上策馬揚鞭地馳騁，他和布列辛頓夫人的關係好得像知己好友一樣。

有一天，他騎馬時跟布列辛頓夫人說：「布列辛頓夫人，我，我今後可能不能再和你一起騎馬了。」

布列辛頓夫人疑惑地問：「為什麼呢？是泰莉莎不願意，還是你有什麼別的事情要做？或者是你的身體不允許你騎馬？」

拜倫嘆了口氣說：「事實上，我是要去希臘了！」

布列辛頓夫人問：「去希臘？為什麼去哪兒？你知道現在希

嚮往希臘

臘局勢很混亂，那裡並不適合旅遊度假了！土耳其占領了那裡，那裡正在進行抗爭呢！」

拜倫說：「是的！我就是要去希臘參加他們的民族解放抗爭！你知道，我最看不慣那些土耳其貴族對希臘平民的欺壓！每一個民族都應該是自由的，他們不應該被另一個民族欺壓！這是有悖於天理的。我要去希臘，為解放希臘人民作抗爭！」

布列辛頓夫人驚訝道：「哦！天啊！你怎麼會有這麼冒險的想法？好好地寫詩不是很好嗎？戰鬥也不一定要衝到前線啊！難道你真的要去希臘的前線衝鋒陷陣嗎？簡直是瘋了！泰莉莎也不會同意你那麼做的吧！」

拜倫說：「她同意了。因為我一定要去希臘的，我要像我的偶像拿破崙一樣馳騁沙場。這是我的夢想，我不能這麼庸庸碌碌地靠寫詩過日子！」

「你知道嗎，布列辛頓夫人，我是很相信命運的。我小時候，一個女巫為我算命，說我只能活到 36 歲左右。我沒有時間了，或許我會死在那裡！」

在 5 月底，布列辛頓家打算離開熱那亞前往那不勒斯，拜倫感到非常難過，但也無可奈何。布列辛頓夫人送給拜倫一匹她心愛的阿拉伯純種馬，好讓拜倫帶去希臘乘騎；又叫別人買下拜倫的遊艇「布利瓦號」，以解決拜倫的後顧之憂。分手的時候，布列辛頓夫人眼裡充滿了淚水，泰莉莎、拜倫也被感動了。

拜倫要動身前往希臘的時間越來越接近了，泰莉莎也越來越哀怨，她不希望拜倫離開，拜倫向泰莉莎保證會再回來看她；可

是，他倒不是為了她才這麼做的。霍布豪斯也只是希望他到希臘為「倫敦希臘協會」收集一些資料，以及利用他個人的名聲和影響力為這個協會做宣傳，事成之後就可回來。

拜倫的船快要開航的前一個鐘頭，泰莉莎還堅持不離開熱那亞，她想盡辦法要留在熱那亞等拜倫回來。但是因為教皇已經批准了他們一家回拉溫納的通行證，前提條件是她必須一起回拉溫納才行。

她的父親說：「我知道你不想離開這裡，我知道你想在這裡等拜倫回來。可是我們必須要離開這裡，因為這是我們最後的機會。教皇終於同意讓我們回拉溫納了，但是他的條件是你也要跟我們一起走。你不能那麼任性，因為你是甘巴家族的乖女兒，你不能讓我們失望。只有回到拉溫納，我們才能重整旗鼓，我們才能繼續革命。」

最後她終於點頭接受了父親的建議，說：「我知道，您那麼做一定有你的道理。我知道，我不能那麼自私地繼續留在這裡，就像我不能阻止拜倫去希臘實現他的夢想一樣的。好吧，我願意跟您回拉溫納。」

重返希臘抗爭

　　當這艘擁擠的小船漂浮在海上時，拜倫的思緒也跟著船飄蕩沉浮。在義大利的時光，雖然漫無目的，卻能夠給他帶來一些快樂，並完成許多成熟而感情豐富的作品。比如《恰爾德·哈羅爾德遊記》、《唐璜》，都是在義大利居住期間寫的。

　　現在，他則像被波浪捲到了去往希臘的海上，有些身不由己的感覺。這或許是因為他名氣太大了，各方面的力量都在爭取他加入，他本身又是不會拒絕別人的人，所以很辛苦。但是他確實也在義大利待久了，他希望看看愛琴海。

　　但是海上的風浪讓他想到了雪萊，他清楚地記得雪萊那被海水浸泡得變形了的臉。他接著就想到了兒時聽到母親請的那個女巫的預言。到目前為止，她的預言都很準確，他的婚姻他的女人，似乎都像她說的那樣。現在只剩下一樣，就是他的 36 歲左右的劫難。他馬上就快到 36 歲了。這個預言的陰影一直纏繞著他，讓他總是擔心自己此番航行就是走向死亡。

　　到了希臘附近的海上，他才從惆悵的情緒中走出來。1823 年 8 月 2 日，他們的船到達愛奧尼亞，卻不能再繼續往前行了。因為希臘人自己起了內訌，不能團結一致。

　　而土耳其的軍艦已沿海包圍了希臘本土，希臘本身所組成的艦隊絕大部分是沒有戰鬥力的商船，只不過比商船多了點武器。商船沒有統一的指揮，他們亂七八糟地排列在東岸，不肯進攻。

因為商人們畢竟不是軍人，讓他們為國家賣命似乎是強人所難。在這樣的情勢下，拜倫他們只好停在愛奧尼亞島觀察戰爭的動向，再決定是否繼續前行。

著名的詩人拜倫要到島上來的消息，立即引起當地的一片歡呼。拜倫的鼎鼎大名不僅讓英國人仰慕，就連島上的希臘居民也十分興奮地想見他一面。拜倫上島後周圍總是有一大群人跟隨左右，他們對他投來無限崇拜的目光。他們清楚他富有財產，聞名遐邇。

他們到達愛奧尼亞後的第二天，島上英國人的督察那比爾上校來見拜倫。那比爾也是一個熱愛希臘、支持革命的人。他來見拜倫的原因，是要討論如何管理島上的蘇利歐特軍隊和他們的家屬。

拜倫早已風聞這些蘇利歐特軍人的驍勇善戰事跡，他們在1822 年帶著家人從南阿爾巴尼亞逃到這裡來，並且參加了幾次和土耳其軍隊戰役。他們的勇猛跟土耳其軍人的彪悍不相上下。

拜倫第一次到希臘時曾僱用過兩名阿爾巴尼亞僕人，對他們的勇敢、忠心十分信任，這次再度見到這些蘇利歐特人飽經風霜的面容，使他回憶起 1809 年在希臘的生活的狀況。他很想和他們繼續合作，他很快地提議要僱用他們做他的保鏢和侍從。

但是這並不是好主意，因為他僱用了 40 名蘇利歐特人當保鏢，但是那些人實際上既不是蘇利歐特人也不是希臘人。他們好吃懶做，經過數天考驗之後，拜倫發現真的是選錯人了，只好支付給他們兩個月的薪水，把他們打發回家了。

重返希臘抗爭

拜倫在島上一直沒有接到英國或希臘方面來的消息。他每天在島上騎馬散步，表面上看起來悠然自得，但實際上他已經下定決心要到希臘參與民族解放抗爭。

拜倫逗留在愛奧尼亞島上的消息，很快傳遍希臘。許多參與抗爭的利益集團寫信來懇求他支援，甚至有些私人機構向他爭取經費支援。拜倫很清楚不能隨意答應他們任何一個團體，因為他還沒有看清楚希臘此時複雜的局勢。

他特別重視布蘭奎爾的意見。他接到布蘭奎爾的信，信上說：

> 你還是暫時不要去希臘了。因為希臘被土耳其士兵包圍著，不要說進去很難，就算真的進去了，想出來恐怕比登天還難。你最好還是暫時待在那裡，不要輕舉妄動。這對於你也好對於革命事業也好，都是非常重要的。

拜倫認為他的話很有道理，他決定暫住賽弗洛尼亞。這時候他過得很平淡，每天粗茶淡飯，看看書或者給奧古絲塔寫寫信。他在信中告訴她說：

> 我親愛的姐姐，我知道很久沒有去看你了。我很想念你，相信你也一樣想念我吧！可是我暫時還是不能回去，我現在在賽弗洛尼亞暫住，我遲早是要去希臘參加革命事業的。你知道，我就是那樣的熱血男兒。我要讓土耳其的殖民者滾回老家去！
> 我還要繼續留在這裡，因為這裡的人民確實是太矇昧了。他們在土耳其的統治之下，已經迷失了自己的本性了。他們缺乏抗爭的勇氣和信心。他們覺得自己一出生就是奴隸的身分，這是天命決定的。

我要在這裡給他們做啟蒙教師。我要啟發他們，讓他們從內心徹底覺醒，讓他們深刻地認識到，希臘人民是獨立的，希臘人民是不可被壓迫和被奴役的。

這是一項偉大的事業，我將名垂千古。為我祝福吧！我永遠愛你！

這裡的生活是寧靜的，除了每天接觸難民的求助之外，他可以看到海上生明月，可以看到山在霧霾中。

正好在這時，外面傳來消息，說馬洛克打多王子已參加前往麥索隆基的一隻艦隊。拜倫立刻表示願意以金錢支援該艦隊的費用。拜倫支付給他們 4,000 英鎊作為船員的薪水；並且他已經決定動身離開希臘東部，積極投入革命的前線行列。

因為英國方面不願介入希臘與土耳其的戰爭，所以艦隊並沒有來迎接拜倫，而是直接前往麥索隆基。拜倫也不管這些，12 月 29 日一切準備妥當，揚帆到目的地去。他的情緒非常高昂，因為「海洋常帶給他許多寫詩的題材」。

順著風，船在 6 時起航。比多·甘巴記述：

我們一起航海，天氣晴朗，空氣清新。我們情緒十分高昂，拜倫爵士更是如此……當送行的人聽不到我們的聲音時，我們互相以槍射擊天空……明天，我們要在麥索隆基，明天……

這時候，他的忠僕弗列查因感冒病倒了。拜倫把船上僅有的一床蓆子給他，自己卻睡在木板上。弗列查後來常常講起這件事，還說：「我的主人雖然有點怪脾氣，可實在是個好心腸的人。」

在希臘革命軍派來的護航艦隊的保護下，拜倫於 1824 年 1 月 5 日早上到麥索隆基。

重返希臘抗爭

他穿著火焰一樣的緋紅色軍裝，踏上希臘本土。為迎接他的登陸，街上隆隆地放起禮炮，偶爾還能聽得到陣陣槍聲。奇異的當地土民音樂也不時地響起來。這些聲音夾雜在一起，有些混亂的喜慶。

他乘著小艇來到麥索隆基前面的湖上。兵士和居民都聚集在廣場上等待這位年輕的詩人統帥。在他的營房前面，站著由倫敦派來的斯坦霍普上校和希臘革命軍司令官馬弗羅柯達托親王。在這個地方，他又開始過起軍隊生活來。

麥索隆基是一個被沼澤地圍繞著的小漁村，村子高出水面不過數尺。下雨的日子，生活就變得糟糕了，四面的湖水氾濫出來，浸滿街路。

在那跟沼澤地差不多的牧場裡，有披著羊皮的牧羊人住在茅草屋裡。牧場裡鹽、魚和泥土的氣味混在一起，還有羊騷味摻雜其中，這使那裡看起來跟遠古時代差不多。這是一個和一切近代文明隔絕的村子，而且是瘴癘流行之地。

住在北方的剽悍的蘇里族，常常充當其他民族的僱傭兵而作戰。他們大群地流浪到這地方來。他們是危險的暴民，誰給錢給得多，就跟誰做戰友。當時，希臘獨立政府只是一個空名，革命軍分散在全國各個地方，各部隊的指揮官只會互相爭功奪名，他們跟封建軍閥沒什麼兩樣。他們手下的軍隊也是並沒有受過什麼訓練的隊伍。應當由倫敦運來的武器彈藥一點也沒有運來。

在這樣混亂的局面下，是考驗拜倫指揮能力的時候了。他決心在這種絕望的混亂中，建立一支真正的革命軍。為此，他個人

不顧傾家蕩產，當地的革命軍幾乎全靠他個人的財力來維持。

　　他計劃著奪取離麥索隆基不遠的勒龐托炮臺。因為他想到勒龐托是歷史上有名的地方，攻克這個炮臺，其意義具有策略上的價值，能夠轟動世界的巨大的政治效果有助於促使倫敦「支援希臘獨立委員會」所計劃的借外債一事早日成功。

　　但是他不得不先同兩個大障礙作抗爭：一個是馬弗羅柯達托親王的無能，另一個便是斯坦霍普上校的不切實際的氣質。因此，詩人拜倫便不能不擔負起軍事的、政治的一切重要事務。蘇里族是英雄的民族，在土耳其統治希臘期間，他們曾長期堅持武裝抵抗。

在戰鬥中逝世

　　拜倫的偉大人格在希臘當統帥的時候終於顯示出來了。他以身作則，和希臘士兵吃同樣的飯菜。他從來沒有因為自己是統帥而覺得高人一等。相反，他更平易近人。為了救濟當地不幸的貧民，他不惜傾囊相助。

　　有一次，對面島上跑過來幾個希臘水兵，他們一窩蜂地跑到拜倫屋子裡來，硬要他交出土耳其俘虜兵。當拜倫拒絕的時候，水兵們就想動武。

　　拜倫威嚴地注視著他們，拿著裝著實彈的手槍指著他們的頭。水兵們見了他那正義凜然的樣子，立刻失去了剛才的銳氣，悄然走出去了。

　　每當制訂作戰計劃的時候，他總是要求置身於最危險的地方。他說：「人不知道哪裡最危險。同樣是死，由子彈穿過去而死，比喝著藥水而死更有價值！」

　　他寫信給霍布豪斯說：

貧窮是悲慘的，但是比貴族們無聊的放蕩要好得多。可喜我已經
完全禁絕了，今後也絕不會再放蕩。我的決心永遠不會動搖。

　　由倫敦運來的軍械費了很大力氣才運到希臘。可是，那些武器卻是一些粗劣的、破舊的武器，一定要經過修理才能使用。這又成為拜倫的工作之一。為了督促那些連建造軍械庫也不肯幹的懶惰的希臘兵，他只好拖著不方便的跛腳親自參加勞動。

後來，由於所有的人一致推薦，他成為全軍的總司令。等到一切準備工作完成，正要去襲擊勒龐托炮臺的時候，希臘革命軍在其他地方的指揮官們，由於忌妒麥索隆基這支部隊的聲名揚世界，便唆使拜倫部下的蘇里士兵提出難題，要求把他們大部分人提升為軍官並給予高額薪水。

　　拜倫把帶頭鬧事的幾個解僱了，事件才得以平息。但是，奪取勒龐托炮臺的計劃也因此被耽擱而未能實現，半年來苦心經營的計劃功敗垂成。

　　那天晚上，他突然病倒了。幾星期以後，他才慢慢恢復得能起床。但是，他拒絕人們的勸告，仍然過著克己的簡樸生活。4月9日，好消息來了：在倫敦，為希臘革命政府借 2,500 萬英鎊外債的事情成功了。

　　現在，拜倫可以建立一支 2,000 人的部隊，其中包括步兵和砲兵。他又興高采烈起來。這將是他大展宏圖的時機，他終於要為希臘民族解放事業做出點成績了。這讓他興奮和激動。

　　於是他不顧泰莉莎的弟弟甘巴的勸阻，在暴風雨將臨的時候騎馬出去。剛走出村莊三四英里，傾盆的大雨猛降下來。他們全身溼漉漉地坐船回來。一兩個小時之後，拜倫被激烈的惡寒所襲，跟著又發起熱來。症狀一天一天加重，但是當地的鄉村醫生卻說是感冒。只有弗列查感覺到這回的病勢不比尋常，拜倫自己也感覺到了。醫生們只會用放血來緩解他的高熱驚厥，放血讓拜倫痛苦不已。

　　醫生第一次給拜倫放血時說：「拜倫先生，你現在發燒了，雖然使用了其他方法，但是效果不明顯。只有放血才能讓你的溫

度降下來，要不然高熱會燒壞你的腦子的。那樣，你就不能再完成你偉大的事業了。」

拜倫有氣無力地說：「你……你們，看著辦吧。我現在太難受了，能不能不放血啊？我，說實話，我害怕。」

醫生說：「你是偉大的英雄，應該不會害怕這個吧。我們只是給你放一點血，不會很疼的。」

拜倫說：「你們就那樣辦吧。我只希望我能好受點。」

於是醫生就第一次給拜倫放了血，他似乎覺得好受多了。

4月15日那一天，他稍覺安適一點，便叫砲兵士官帕裡斯來談話。他說：「到現在我才真正懂得家庭的幸福。沒有人像我這樣尊敬貞淑的女性。想到將來能夠回到英國，同妻子、女兒三人過安逸的隱居生活，我便十分快慰了。我想隱退。我多年來的生活，一直是像暴風雨的海面一樣。太累了，我經歷的事情太多了，我覺得人生太激烈了，幾乎讓我承受不住了。如果我可以重新選擇，我希望過太平的日子，好好地愛我的妻子，好好地愛我的孩子。但是我不知道我是否還有機會回到英國。我對不起我的姐姐、我的家人、我的孩子，還有我的母親。」

18日，他的病情惡化了。4個醫生聚在一塊商議著。醫生們還想繼續給拜倫採用放血的治療方法。這次他們說：「拜倫先生，我們沒有什麼其他的更好的方法，除了放血之外，我們無能為力。您覺得我們給您進行放血治療怎麼樣啊？」

拜倫把他們中間的密利根叫到枕邊，對他說：「辛苦你們了！但是一切都沒有用了。我不要再放血了，那是沒有意義的。我自己知道，我一定會死的。死，我並不悲傷。我正是為了結束這無

聊的生命才到希臘來的。我的財產、我的精力都獻給了希臘的獨立事業；現在，連生命也一併送上吧！我感謝你們。我知道你們救不了我了，我記得小時候一個巫師說過，我只有 36 歲的命……」

那天下午，他又有了精神，讀完兩三封信。晚上，他的情況更加惡化，而且時時發出囈語。稍稍緩過氣來的時候，他看著弗列查的臉，叫道：「喂！已經沒有多少剩餘時間了。來，聽著！我馬上就說。」

「老爺，要拿墨水和紙來吧？」

「傻瓜，已經沒有這樣的時間了！聽著，這也可以使你將來不至於為難。」

「老爺，還有比這更要緊的事啊！」

「唉，可愛的女兒，可愛的艾達，多想再見你一次呀！上帝呵，請你降福給她！還有親愛的姐姐，奧古絲塔！還有她的孩子們！我希望你們能永遠快樂，永遠幸福！我生前不能見你們最後一面，是我這輩子的最大的遺憾。

「你到安娜貝拉那裡去，把一切告訴她。好吧，你和夫人是很合得來的。希望，希望她能原諒我，的確是我做了太多錯事，傷害了她。希望她能不要一直都記恨我。如果她真的要記恨的話，就告訴她，我這個惡棍終於被魔鬼帶走了，終於下地獄了！」

大約是興奮過度，他的聲音忽然中斷了。

停一下，拜倫又說：「弗列查，你要是不依我的話，我的鬼魂會來找你算帳的呀。你記住了，一定要把我剛才的話告訴她們。」到這時候，他還和迷信鬼神的弗列查開這樣的玩笑。

弗列查大吃一驚，說：「老爺，你說什麼？我一點也聽不懂呀。」

拜倫也吃驚地說：「不懂？哦，已經遲了！」

他努力想重複一遍剛才的話，但是，這時候他已經沒有氣力再重複一遍了，只是說：「我的妻子！我的女兒！我的姐姐！懂了吧？一切都照我說的去說！你知道我的希望……」

稍微停了一會，他又說：「不幸的希臘……不幸的城市……不幸的人們！

「哦，接我的人來了。我死沒有關係，可是，到這裡來之前怎麼不回家一次呢？」

他又用義大利語說：「我拋下可愛的人們而死去！」

到晚上 18 時左右，他說：「現在要睡一下了。」

他倒頭睡下去，就這樣，昏昏迷迷地，不再醒來了。

1824 年 4 月 19 日黃昏的時候，他斷了氣。那時，滿天忽然黑暗下來，驚雷震響著，大雨傾盆而下。屋子前面的湖上，昏暗中閃著可怕的電光。為躲避大雨而跑到屋簷下面來的兵士和牧人，當時並沒有聽到拜倫的死訊。但是，他們根據古老的傳說，知道當英雄歸天的時候必定有大雷雨暴發，所以，那時他們嘴裡都在默唸著：「我們的總司令死了！」

希臘的獨立政府宣布為拜倫舉行國葬，全國哀悼 3 天。舉行葬禮時，希臘士兵列隊肅立兩旁，一隊牧師跟著靈柩高唱讚歌。靈柩上置寶劍一柄、盔甲一套、桂冠一頂。詩人生前的坐騎也跟在其後。

6 月 29 日，靈柩運抵倫敦。英國政府和教會拒絕把拜倫的遺骨安葬於威斯敏斯特教堂。7 月 12 日，舉行葬禮。7 月 16 日，安葬於紐斯臺德附近的赫克諾爾。

墓碑上的銘文是按照拜倫異母姐姐奧古絲塔的意見起草的，銘文為：「他在 1824 年 4 月 19 日死於希臘西部的麥索隆基，當時他正在英勇奮鬥，企圖為希臘奪回她往日的自由和光榮。」

在拜倫絕命之前幾小時，從英國寄來幾封信，其中一封是霍布豪斯寫來的。他從有關希臘的報導中，才知道好友所作的種種認真的努力。

「你的名聲和人格，將超過現在活著的任何人而流傳於後世。這不是我個人的意見，而是全世界的聲音。今天你的努力，是自古以來人們所做的事業中間最高貴的事業。詩人坎貝爾對我說：『拜倫勛爵的詩是偉大的，但是他這次的壯舉比他的詩更偉大！』」

然而，已經遲了。這封信送到的時候，拜倫已經昏迷不醒。他沒有來得及知道全英國都在稱許他、讚賞他，以能做他的同胞為榮，便溘然長逝了。訃告一傳到英國，全國都在痛悼拜倫。

除了懷念拜倫以外，他們什麼也不放在心上了。從珍妮·維爾西寫給卡萊爾的信上，便可以知道拜倫的死訊震動人心到什麼程度：「即使我聽說太陽和月亮跌出了它們的軌道，也不會比『拜倫死了』這句話更使我震驚，更使我六神無主了！」

當時還有個 15 歲的少年丁尼生悲痛填胸，以致不能安坐在家裡。他跑到森林中，走進幽深的溪谷，在那長著青苔的岩石上，

在戰鬥中逝世

充滿深情刻下了幾個大字：「拜倫死了！」

噩耗傳到法國的時候，許多青年在帽子上掛著誌哀的標誌。菲度街上掛著的拜倫大幅畫像前面，數千民眾川流不息地參與悼念。巴黎的報紙上說：「本世紀兩個最偉大的人物 —— 拿破崙和拜倫，差不多同時離開人世了。」

在遺囑裡，拜倫把他所有的財產都贈給奧古絲塔和她的孩子們。總數超過 10 萬英鎊。還有，價值 60 萬英鎊的不動產歸回拜倫夫人。

新勛爵喬治·安遜·拜倫上尉正陷入財經困難之中，安娜貝拉素來慷慨，表示願意把她的寡婦遺產割讓給他。她考慮到她和女兒還要繼承拜倫的財產。

兩年內，奧古絲塔就把這筆財產耗得一乾二淨，她不得不付錢打發難以盡數的債主，而且還被人大大地勒索了一番。她在困難中得到了拜倫夫人的幫助。

拜倫夫人幾乎是令人難以置信地寬容。但在 1829 年，拜倫夫人也對奧古絲塔失去了耐心，她們斷絕了往來。

拜倫夫人的餘生獻給了慈善事業。她在自己家裡建起了一座學校，從事「合作教育計劃」 —— 所有班級兒童都在一起接受教育。她說：「種姓制度不僅是印度斯坦的恥辱，也是英國的恥辱。」

後來，她又忙於辦農業和工業學校。她始終慷慨大方，她有條有理地使自己的精神昇華，這點很為人稱道。臨近晚年，她和布賴頓的弗·沃·羅伯遜牧師結成了一種親切的友誼，他成了她信任的摯友。

她向他透露了她一直只是在日記中記下的東西：

拜倫不是懷疑論者……上帝是復仇的上帝……
我和他之間想像中的差別使我習慣性地成為他惱怒的目標。
接近他生活的最後的歲月，他對我的感情漸漸柔和了……
至於奧古絲塔，拜倫夫人寫信給羅伯遜說：
我以為利夫人是我的朋友，我過去愛她 —— 我現在仍愛她 ——
無可奈何。在我們兩人死之前，我還想在這個世界上見她一次。
人們因此說我缺少力量和道德原則，說我發覺一個人毫無價值，
但還對她充滿感情，也許如此。但我的天性如此。難道錯了嗎？

拜倫所掀起的全英國人民對希臘革命的同情，像怒吼的潮水一樣高漲起來。拜倫所憎惡的反動的卡斯爾雷已經自殺，而自由主義戰士坎寧已經擔任英國外交部長。

他乘著這次拜倫之死的輿論潮流，發表了援助希臘獨立的聲明。1829 年，希臘終於擺脫了土耳其的奴役，獲得了獨立。這是死的拜倫打敗了活的土耳其的驚人結果。

在生命的最後幾個星期裡，拜倫也許想到過，他的死到頭來只是一場空，希臘人不會獲得自由。

1826 年米索朗基受到第二次圍攻，城中幾乎所有的房屋都為炮火摧毀。最後，希臘人餓得受不住了，只得放棄城市。男人、女人、兒童，試圖突圍透過敵人的防線。突圍中許多人喪命，城市被洗劫一空。

如果歐洲在那一刻拋棄希臘人的事業，希臘就完了。奧地利聽任事態發展。因為懼怕俄國人，法國不敢採取行動，一切都依靠英國了。由於外交部和威靈頓公爵的神聖的格言，希臘受到指責。

在戰鬥中逝世

「但是英國公眾為拜倫自我犧牲的死亡深深感動，而且英國當時又在它文化的古典主義時期，理想化地把希臘游擊隊員當作德摩比利隘口的英雄。」

在 1827 年擊退土、埃艦隊的納互裡諾戰役中，英國、法國和俄國的艦隊確立了希臘的獨立。

直至今天，如果有人探訪麥索隆基蕭條寒村，住在茅屋裡的村民還會指著當地「英雄園」裡的拜倫紀念碑，告訴他們：「這裡有勇士的碑。他愛自由，所以來為希臘而死！」

附錄：拜倫年譜

1788 年 1 月 22 日，拜倫出生於倫敦霍爾斯街。

1792 年 11 月，4 歲的拜倫在阿伯丁入小學。

1798 年 5 月，10 歲的拜倫，由於第五代拜倫男爵伯祖父威廉·拜倫去世，承襲爵位，成為第六代拜倫男爵，並得到兩處產業。

1799 年，拜倫進入格倫尼博士的學校讀書，愛讀歷史和詩歌。

1800 年，拜倫開始作詩，是獻給表姐瑪格麗特·帕克的。

1801 年，拜倫到倫敦郊外的貴族子弟學校哈倫公學讀書。

1802 年，現存拜倫詩歌中最早的一首是〈悼瑪格麗特表姐〉。

1803 年，回紐斯臺德。第一次會見異母姐姐奧古絲塔。

1804 年，和母親同住在索思維爾。

1805 年夏天，畢業於哈倫公學。10 月，入劍橋大學讀書。

1806 年夏天，到索思維爾，在女友伊麗莎白鼓勵下作詩。

1807 年 6 月，第一本詩集《懶散的時刻》出版。

1808 年 7 月，得到文學士學位，畢業於劍橋大學。

1809 年初，移居倫敦。

1809 年 3 月 13 日，在上議院獲得世襲議員席位，出席議院會議。

1809 年 3 月 16 日，出版諷刺詩《英格蘭詩人和蘇格蘭評論家》。

1809 年 6 月 26 日，離開英國，去東方（南歐和西亞）遊歷。在阿爾巴尼亞開始寫《恰爾德·哈羅爾德遊記》第一章。

1810 年，寫《恰爾德·哈羅爾德遊記》第二章。

1818 年從 10 月起，陸續作《賽沙組詩》。

1812 年 2 月 29 日，《恰爾德·哈羅爾德遊記》第一至二章出版。

1813 年 4 月，《華爾茲》出版。

1813 年 5 月，《異教徒》出版，兩年內重版 14 次。

1813 年 12 月，《阿比多斯的新娘》出版。作《海盜》。

1814 年 1 月 2 日，《海盜》出版，一年之內重版 7 次。

1815 年 1 月 2 日，與安娜貝拉結婚。

1815 年 3 月，在倫敦居住。4 月，與司各特結交，甚為相得。

1815 年 7 月，創作《圍攻科林斯》。

1815 年 9 月，創作《巴裡西娜》。

1815 年 12 月 10 日，女兒奧古絲塔‧艾達出世。

1816 年 3 月 11 日，拜倫與安娜貝拉分居。《家室篇》出版。

1817 年 2 月，《曼弗雷特》脫稿。

1817 年 5 月，作《塔克的哀歌》。重寫《曼弗雷特》第 3 幕。

1818 年 7 月，創作《威尼斯頌》

1819 年 1 月，完成《唐璜》第二章。

1820 年 10 月至 11 月，完成《唐璜》第五章。

1821 年春天，拜倫與甘巴和其他領導一起準備起義。

1822 年 1 月，創作悲劇《沃納》。

1822 年 2 月，創作《唐璜》第六至八章。

1822 年 7 月，與雪萊一起，邀請在英國受到迫害的李‧亨特前來義大利，共同籌辦文學期刊《自由人》。

1823 年 2 月，作長詩《島》。作《唐璜》最後幾章。

1823 年 7 月中旬，從義大利海岸出發，前往希臘。為軍隊的整頓、訓練和作戰，進行各項準備工作。

1823 年 12 月 28 日，離開凱法利尼亞島，前往麥索隆基。《唐璜》第九至十一章、第十二至十四章先後於是年出版。

1824 年 1 月 22 日，創作《這天我滿三十六歲》。

1824 年 4 月 19 日，拜倫因病去世。

反叛詩雄拜倫：

愛恨交織的生活以詩祭奠，義勇無雙的人格以亡身鑄就

編　　著：潘于真，胡元斌

發 行 人：黃振庭

出 版 者：崧燁文化事業有限公司

發 行 者：崧燁文化事業有限公司

E - m a i l：sonbookservice@gmail.com

粉 絲 頁：https://www.facebook.com/
　　　　　sonbookss/

網　　址：https://sonbook.net/

地　　址：台北市中正區重慶南路一段六十一號八
　　　　　樓 815 室

Rm. 815, 8F., No.61, Sec. 1, Chongqing S. Rd.,
Zhongzheng Dist., Taipei City 100, Taiwan

電　　話：(02)2370-3310

傳　　真：(02)2388-1990

印　　刷：京峯彩色印刷有限公司（京峰數位）

律師顧問：廣華律師事務所 張珮琦律師

- 版權聲明

定　　價：299 元

發行日期：2022 年 09 月第一版

◎本書以 POD 印製

國家圖書館出版品預行編目資料

反叛詩雄拜倫：愛恨交織的生活以
詩祭奠，義勇無雙的人格以亡身鑄
就 / 潘于真，胡元斌編著 . -- 第一
版 . -- 臺北市：崧燁文化事業有限
公司 , 2022.09

面；　公分

POD 版

ISBN 978-626-332-672-9(平裝)

1.CST:　拜　倫 (Byron, George
Gordon, 1788-1824) 2.CST: 傳 記
3.CST: 英國

784.18　111012889

電子書購買

臉書